Kollektion

Fünfzig Objekte: Filmgeschichten aus der Sammlung des Österreichischen Filmmuseums

Herausgegeben von
Paolo Caneppele und Alexander Horwath

Österreichisches Filmmuseum
SYNEMA – Gesellschaft für Film und Medien

Ein Buch von SYNEMA ≡ Publikationen
Kollektion. Fünfzig Objekte: Filmgeschichten aus der Sammlung des Österreichischen Filmmuseums
Band 22 der FilmmuseumSynemaPublikationen

SYNEMA – Gesellschaft für Film und Medien
Neubaugasse 36/1/1/1
A-1070 Wien

Redaktionelle Mitarbeit: Elisabeth Streit, Roland Fischer-Briand
Korrektur: Regina Schlagnitweit
Grafisches Konzept, Gestaltung und Produktion: Gabi Adébisi-Schuster
Druck: REMAprint
Gedruckt auf FSC-zertifiziertem Papier
Verlags- und Herstellungsort: Wien

ISBN 978-3-901644-56-6

Die Projekte des Filmmuseums zum Jubiläum seines 50-jährigen Bestehens
wurden vom Österreichischen Filminstitut und von der Stadt Wien gefördert.

Österreichisches Filmmuseum und SYNEMA – Gesellschaft für Film & Medien
sind vom Bundesministerium für Unterricht, Kunst und Kultur – Abteilung V/3 FILM sowie
von der Kulturabteilung der Stadt Wien geförderte Institutionen.

Inhalt

Paolo Caneppele

Die unsichtbare Sammlung

Wie das Unzeigbare zeigen, das Unsichtbare sehen?

In jedem Museum befinden sich unendlich mehr Objekte als die tatsächlich ausgestellten Exponate. Für Institutionen, die kinematografische, also zeitbasierte Medien ausstellen, gilt dieses Faktum noch in extremerem Ausmaß – und wird zum nahezu unlösbaren Problem.

Im Durchschnitt zeigt das Österreichische Filmmuseum 500 Filme pro Jahr und bewahrt in seinem Archiv rund 25.000 *vorführbare* Titel. Man müsste also, von heute weg gerechnet, zumindest das 100. Jubiläumsjahr abwarten, um alle Filme zu sehen – wenn bis dahin nur Filme aus der Sammlung gezeigt würden. Dabei ist die Nutzbarkeit von Filmen im Museum insgesamt eher ein Unikum, denn üblicherweise haben die Objekte, die in Museen ausgestellt werden, ihren ursprünglichen Gebrauchswert verloren. »Die Lokomotiven und die Züge, die in einem Eisenbahnmuseum gesammelt werden, transportieren weder Menschen noch Güter … Das passiert mit allen Dingen, die in dieser komischen Welt der Museen landen, in der jegliche Nutzbarkeit für immer verbannt scheint.«[1]

1) Krzysztof Pomian, »Collezione«, *Enciclopedia Einaudi*, Torino: Einaudi 1978, Vol. 3, S. 330

Wenn man die anfänglichen Überlegungen auf alle Sammlungen des Hauses ausweitet, explodiert das numerische Paradoxon. Plakate, Fotos, Film- und Kinosaalprogramme, gedruckte, geschriebene oder gezeichnete Dokumente, dreidimensionale Objekte und Geräte, all dies zusammen hat längst die Stückzahl einer halben Million erreicht. Keine Institution der Welt kann eine derartige Zahl von Exponaten ausstellen, schon der Versuch wäre sinnlos.

Und dennoch: Alle genannten Materialien bilden die Sammlungen des Österreichischen Filmmuseums. 50 davon wurden für dieses Buch ausgewählt, kommentiert und durch Scans oder Fotografien zur Erscheinung gebracht. In der Mehrzahl überschreiten sie hier zum ersten Mal die Grenze der Unsichtbarkeit und treten ins Rampenlicht. Sie sind eine Auswahl, vielleicht sogar eine »repräsentative«, aber sie repräsentieren höchstens 0,01 Prozent unserer Bestände.

Das Auswählen, das Kuratieren, die Gewinnung von »Autorenschaft« über die Auswahl ist kein leichter Prozess. Die Gegenstände selbst entspringen unendlicher Arbeit, und wenn sie einmal zu Teilen einer Sammlung geworden sind, bedürfen sie mühevoller, geduldiger Pflege – auch im interpretatorischen Sinn, um überhaupt, als Zusammenhang, zur Sprache zu kommen.

Trotz aller Mühen: Die Sammlung war, ist und bleibt unsichtbar. Das ist nicht nur das Schicksal einer Institution, die sich ihren Ruf rund um das Herzstück eines *Unsichtbaren Kinos* erarbeitet hat, sondern betrifft alle Institutionen, die mit Filmen und den damit verbundenen Materialien arbeiten.

Die größte Gefahr für die Menge an Objekten und Dokumenten ist die Blindheit der Gesellschaft, die derzeit einzig an das Findbare im Internet glaubt. Was nicht digital ist oder digitalisiert zur Verfügung gestellt wird, existiert nicht.

Stefan Zweig schrieb im Jahr 1927 eine kurze, lehrreiche Novelle. Sie erzählt, wie in der Nachkriegszeit die Inflation Menschen, Vermögen und Kunstsammlungen zugrunde richtete: *»Der Wert des Geldes ist wie Gas verflüchtigt.«*[2] Einzig die Sammlung im Besitz eines alten, leicht wirren Herrn konnte die Katastrophe der Zeit überstehen. Der Kunstliebhaber blätterte sie jeden Tag durch, mit dem typisch solipsistischen Vergnügen des Sammlers. Er war erblindet und sah seine Sammlung nun mit den Fingern, dem Gefühl und dem Gedächtnis. Tatsächlich war auch sie schon von Zeit und Armut auseinandergerissen, verkauft und durch billige Kopien ersetzt (heute könnte man sagen: durch Digitalisate).

Das vorliegende Buch ist der erste Versuch, das Vermögen publik zu machen, das im Österreichischen Filmmuseum seit 50 Jahren gesammelt, erhalten und weitergegeben wird. Wie Jean-Luc Godard einmal sagte: »Die Archive werden immer sehr viel später entdeckt.«[3]

Wunsch und Notwendigkeit, eine solche Sammlung zumindest in Teilen öffentlich zu machen, markieren den Unterschied zwischen Sammler und Archivar. Archivare im modernen Sinn müssen die verwalteten Deposits den Gesellschaftern bekanntgeben. Für Sammler gilt folgende Regel, *»alles für uns selbst und nichts für die andern!«* Nur vor dem Ableben strebt auch der Sammler nach Bekanntgabe. Das ist die Eitelkeit, den eigenen Namen in nächster Nähe mit den anerkannten Meistern zu sehen: *»Versprechen Sie mir nur, einen schönen Katalog zu machen: er soll mein Grabstein sein, ich brauche keinen besseren.«*

Dieser Katalog ist von einem Grabstein weit entfernt. Nicht nur, weil die präsentierten Objekte in der Mehrzahl keine Meisterwerke sind (auch dort, wo sie es sind, bräuchten sie einen anderen, *ihren eigenen* Ausstellungsraum, um als solche erkennbar zu werden). Sondern auch,

2) Stefan Zweig, *Die unsichtbare Sammlung. Eine Episode aus der deutschen Inflation*, Berlin 1927. Alle kursiven Zitate im Text entstammen dieser Erzählung.

3) Jean-Luc Godard, »La légende du siècle« (entretien avec Frédéric Bonnaud et Arnaud Viviant), *Les Inrockuptibles*, 21. Oktober 1998, S. 28

weil es hier eher um die Zwischenräume geht, um die Falten der Zeit, um darin Vergessenes, und um die Möglichkeit, damit einen lebendigen Umgang zu pflegen. Die Sammlungsstrategien und die Philosophie des Hauses zielen jedenfalls darauf ab. Das Buch will ein Beispiel dafür sein, was an Geschichte in den Schränken unseres Depots verborgen liegt, in der Hoffnung, Lust auf mehr zu erwecken. Und es soll die Menschen würdigen, die diese Kollektion im letzten halben Jahrhundert mit der Leidenschaft der Sammler und dem kühlen Abstand der Historiker und Archivare aufgebaut und betreut haben. Alle haben gearbeitet, aber *»sanft aufgehoben aus unserer wirklichen widerlichen Welt von der weißen Wolke eines gütigen Wahns«*.

Das Buch ist auch der Beweis, dass eine Sammlung mehr ist als die Summe der Objekte, die sie enthält: dass sie *in primis* eine Praxis ist. Eine zwischen Kunst und Kühnheit schwankende Tätigkeit. Natürlich sind auch die Archivare blind, so wie der Sammler bei Zweig. Niemand sieht die Gesamtheit der Sammlung. Sie ist nur in Listen erfassbar, d. h. abstrahiert durch Zahlen, Kataloge, Datenbanken, aber auch durch Zimmer, Regale und Schränke. Dieses Verhalten zeigt, dass die Sammlung – so wie ihre alltägliche Verwaltung, Benutzung, Verwertung – eine kreative und imaginative Praxis ist.

Am besten abstrahiert man mit Bildern, die teilweise anachronistisch sind, wie alle Sammlungen.

Wie also das Unzeigbare zeigen, das Unsichtbare sehen? Durch Bilder oder Texte? Am besten durch Bilder und Texte. Das ist die Lösung, die das Filmmuseum im vorliegenden Fall gewählt hat. Sie offeriert eine mögliche Synthese zwischen Ikonoklasmus und Ikonophilie. Eine Institution, die bewegte und bewegende Bilder bewahrt, dürfte nicht als bilderfeindlich bezeichnet werden, aber Ikonoklasmus ist vielen Sammlungen immanent. Verbergen ist vertuschen. Nur eine Nuance geringer als die Zerstörung. Man darf nicht so weit in Bilder vertieft sein, dass man die Macht des Wortes verneint. Man darf nicht so sehr in Wörter vertieft sein, dass man die Macht der Bilder verneint.

Und man kann nicht alles vermitteln, denn die Vielartigkeit der Objekte, die in den Lagern einer Filminstitution lauern, ist überwältigend.

~

Ich hoffe, dass die Leserinnen und Leser, die das Buch durchblättern, dem Kunsthändler zustimmen, den Zweig am Ende seiner Novelle sagen lässt: Filmarchivare wie *»Sammler sind glückliche Menschen«*.

Alexander Horwath

Das, was wir »besitzen«

Film, wie ich ihn verstehe, kann erfahren und erinnert, nicht aber gesammelt werden – nicht in der Art, in der wir für gewöhnlich das Sammeln begreifen. Wenn man seinen geschichtlichen Welterfolg auch nur ansatzweise erklären will, ist der Film nämlich kein Objekt, sondern ein zeitlich bestimmtes Ereignis. Vor dem Beginn und nach dem Ende dieses Ereignisses ist *kein Film*, es sei denn ein anderer, mit demselben Ereignischarakter.

Film kann höchstens in Form jener Bestandteile gesammelt werden, die für seine Hervorbringung notwendig sind. Erstens: »die Filme« – die aufgerollten Bildstreifen, auf denen hintereinander tausende Einzelfotografien angeordnet sind. Zweitens: die Projektionsvorrichtungen, um Serien statischer Fotografien in jene vergrößerten und zeitlich bestimmten Bewegtbild-Ereignisse zu verwandeln, die Film sind. Drittens: die gebauten Räume, um das Ergebnis solcher Verwandlungen mehr oder weniger adäquat sichtbar zu machen.

Ein Museum, das sich dem Film widmet, das den Film nicht nur indirekt, sondern tatsächlich erhalten und der Öffentlichkeit vermitteln will, muss also in jedem Fall diese drei Bestandteile sammeln bzw. über sie verfügen. Und erst wenn sie zusammen aktiv sind, d.h. in Bewegung gebracht werden, lässt sich von Film sprechen: von einem Sinnesereignis, das (am Einzelbeispiel) die enorme Wirkung verständlich machen kann, die diese historische Kulturtechnik/Kunstform im Ganzen gehabt hat. Gleichzeitig macht solch ein Ereignis – und nur dieses – die technisch-ästhetischen Charakteristika und Parameter der betreffenden Kunstform erfahrbar: indem es sie transparent hält und nicht durch Charakteristika und Parameter einer anderen Kulturtechnik ersetzt.

Wenn im Privatbereich, unter Liebhaber/inne/n des Films, vom Sammeln die Rede ist, stehen diese drei Bestandteile selten im Vordergrund. Darin drückt sich wohl auch die Mythologie aus, die die Filmindustrie schon sehr früh und erfolgreich in der Gesellschaft installiert hat: Filmrolle, Projektor und Kino-Raum sind die Trias einer »hohen«, mit Aufwand betriebenen Institution, die wir nicht besitzen können, bei der wir uns höchstens für die Zeit des Ereignisses und um den Preis der Kinokarte einmieten. Das, was wir »mitnehmen« und dann »besitzen«, ist hingegen der eigentliche Film: das Ereignis – die Erinnerung daran.

Für den Privatbereich, zur physischen Manifestation all der Erinnerungen an Filme, die wir gesehen haben, dienen andere Objekte. Auch sie stammen häufig (aber nicht nur) aus der Industrie: Kinotickets, Programmhefte, Starpostkarten und Autogramme, Aushangfotos, Filmplakate, -bücher und -zeitschriften, auf Schmalformat reduzierte und gekürzte Heimkino-Streifen (und die dazugehörigen Apparate), Merchandising aller Art, Zeitungsausschnitte, eigene Aufzeichnungen, Zeichnungen usf.

Einige wenige Liebhaber und Sammler (seltener: -innen) waren dennoch, zusätzlich, auf den Besitz der drei Kernbestandteile des Films aus. Sie haben Kinofilmkopien gekauft, gestohlen und getauscht, haben Projektionsmaschinen übernommen bzw. gebaut und haben im Privatheim (oder im »Clubraum«) ein Kino-Setting errichtet. Aus ihren Reihen und ihren Clubräumen ging eine Bewegung hervor, die die Etablierung öffentlicher Institutionen wie Cinémathèquen und Filmmuseen zur Folge hatte. Die meisten dieser Liebhaber blieben jedoch »privat«, so wie ihre Verwandten unter den Programmheft-, Filmfoto- oder Plakatsammlern und so wie die unendlich höhere Zahl derer, die sich gar nicht als Sammler/innen verstehen, aber dennoch Dokumente ihrer Liebhaberei oder Leidenschaft aufbewahren.

Von dieser millionenfachen privaten Dokumentation des Systems Film in all seinen Facetten fällt über die Generationen vieles der Zerstörung anheim; manches wird weitergegeben und einiges davon betritt schließlich die öffentlich akkreditierten Sammlungen. Lässt sich auch in diesem großen Prozess ein System erkennen? Sicher ist nur, dass ab dem Zeitpunkt, an dem diese Gegenstände institutionelles Sammlungsgut werden, eines zu wirken beginnt. Die Regeln und Ordnungen dieses Systems können vielfältig sein, aber sie sind immer gleich weit entfernt von der Idee der Vollkommenheit. Im günstigsten Fall sind sie nicht *vollkommen arbiträr.* Ist die Sammlung des Österreichischen Filmmuseums solch ein günstiger Fall? Ist das, was sich hier abgelagert hat, keine zufällige Kollektion? Noch spekulativer gefragt: Hat sich hier vor allem jenes erhalten, das gut in die »Story vom Film« passt, die das Haus und seine Protagonisten erzählen wollten? Es scheint manchmal so – und es wäre kein Unglück. Das Filmmuseum wäre dann dem Bild einer »privaten«, »autorenhaften«, gezielten (Kunst-)Sammlung näher gekommen, als es Filminstitutionen gemeinhin vermögen. Da es ja wirklich eine Privatgründung war – wenn auch in Non-Profit-Gestalt: öffentlich tätig und von der öffentlichen Hand unterstützt –, ist der Gedanke nicht ganz von der Hand zu weisen. Und er wird noch bestärkt durch den Umstand, dass die Gründer, Peter Konlechner und Peter Kubelka, fast 38 Jahre lang als Co-Direktoren auch die Geschicke der Sammlung in hohem Maße bestimmten.

Aber dann schaut man um sich, auf die abertausend anderen Gegenstände, die sich in dieser Sammlung *auch noch* erhalten haben ... Und sieht Material gewordene Ideen vom Kino, »Stories« vom Film, die sich konträr zu jener Erzählung verhalten, welche beim Filmmuseum immer im Vordergrund stand. Und man erinnert sich an die Berichte der Gründer wie auch an rezentere Augenblicke: an die so unterschiedlichen Motive und Situationen, die dazu führten, dass gewisse Objekte, Konvolute oder ganze Sammlungen in dieses Haus gelangten.

Dann macht man ein Buch, zum Anlass des halben Jahrhunderts, das die Erzählung noch einmal ausbreitet – vielleicht weiter gefasst als die Ur-Story (bezogen auf die hier präsentierten Objekte), vielleicht auch verschlungener (was ihre einzelnen Berührungspunkte betrifft), vielleicht unter Aufbietung von Themen und Protagonisten, die erst jüngst zu dieser Story hinzugetreten sind. Und beginnt zu verstehen (ganz langsam), dass es nicht wirklich die Gegenstände sind, die die Geschichte – gleichsam von selber – erzählen, sondern dass es der Blick ist, der auf sie fällt: die räumliche und intellektuelle Umgebung, in der sie erscheinen. Womit also auch sie, die vielen »neuen«, trivialen, bisher eher versteckten, missachteten, unbeachteten Dinge des Kinos, plötzlich eine tolle Rolle in der Story erhalten, die hier seit 50 Jahren erzählt wird.

Man kann dies eine »self-fulfilling prophecy« nennen, ein sich selbst steuerndes System. Andere nennen es: eine Kultur – ein sich stetig erneuerndes System. In einer anderen Kultur würde ein und derselbe Gegenstand (sagen wir: Meopta Almo 2034, Illustrierter Film-Kurier Nr. 1902 oder Hewlett-Packard HP Z800) wohl eine ganz andere Erzählung befördern – oder gar nicht erst in Betracht gezogen werden für eine Auswahl. Die Auswahl und der Blick, der auf die »Auserwählten« fällt, bilden das Signum dieser bestimmten Kultur. Die Mitarbeiter/innen des Filmmuseums haben ihren Anteil daran, aber die Kultur, von der hier die Rede ist, hat sich weit über diese Personen und die Wiener Lokalitäten hinaus als eine kommunizierbare, konsistente Sichtweise der (Film-)Welt erwiesen.

Was sind diese Objekte? Es sind filmische bzw. parafilmische Kunstwerke und schnöde Hilfsmittel der Filmindustrie. Es sind aber auch individuelle – individualisierte – Hilfsmittel, die in langwieriger Arbeit entstanden und eben dadurch ästhetische Eigenständigkeit erlangten. Es sind »fertige« Dinge und Zwischenstände, Fragmente – Zeugnisse abgebrochener Pläne. Es sind teilweise noch in Gebrauch befindliche und teilweise »obsolete« Dinge bzw. Apparaturen, die nun eine neue, andere Schönheit oder Nachdenklichkeit annehmen können. Um Rosalind Krauss und Julia Chang zu paraphrasieren: Wenn etwas der Obsoleszenz anheimfällt, kehrt es wieder als Beschwörung der utopischen Ideale, die es bei seiner Ankunft – als Versprechen – enthielt. Es tritt heraus aus der technologischen Blase oder Zelle, in der wir uns immer befinden, und befreit sich von seiner Funktion, den Konsum zu beleben. Jenseits aller melancholischen Anmutungen kann eine obsolete Form also genützt werden, um Orte des Widerstands zu veranschaulichen.[1]

Viele der hier angerissenen 50 »Geschichten« verweisen auf das »Nichtgedrehte«. Im Sinne Godards: Nicht nur die Geschichten erzählen, die es gegeben hat, sondern auch die, die es geben könnte; alle Geschichten der Filme erzählen, die niemals gemacht worden sind.[2] Bei Kluge klingt es noch einmal anders: »Das Nichtverfilmte kritisiert das Verfilmte.«[3]

Die Rollen des Archivs stehen immer zur Debatte: das Archiv als Ort der Affirmation, an dem sich das Herrschende selbstbewusst »hinterlegt« – und als »Gegenort«, der auch andere, nicht zum Ausdruck oder zur Durchsetzung gelangte Möglichkeiten bewahrt. Was es ebenfalls (in Ansätzen) bewahrt, ist die lebendige, daher politische Praxis, die sich mit den Gegenständen einstmals verband. In unserem Fall etwa: das Machen, Verbreiten, Bewerben und nachträgliche Bearbeiten von Filmen; das Voraussehen und Nachahmen von Kino; das Beschreiben, Bebildern und Faksimilieren von Filmen. Und vor allem: die lebendige, daher politische Praxis des Kinogehens, etwa im Wien der späten 30er Jahre, wie es zwei aufeinanderfolgende Objekte in diesem Buch demonstrieren.

Zuletzt – Paolo Caneppele hat es bereits angedeutet: Kaum eines der 50 Objekte tritt hier so auf, wie es aufträte, wenn es sich seine Bühne selber aussuchen könnte. Dies ist ein Katalog mit beschreibenden Texten und Fotos. Ein Buch also – kein Kino, kein Ausstellungsraum, keine Bibliothek, kein Leuchtkasten, keine Werkstatt, keine magische Laterne, keine Plakatwand, kein Kinoschaufenster, kein Labor und kein Filmset. Kurt Kren, an dessen Körper seine Lederjacke erst Sinn machte, lebt schon lange nicht mehr. Die Fotos sind nur Stellvertreter. Das soll diese Gegenstände nicht schmälern. Ihr Potential mag sich dennoch ausbreiten.

1) Vgl. Julia Chang, »Analog Signal«, www.columbia.edu/~sf2220/Thing/web-content/Pages/analogsignal.html (6. Februar 2014)

2) Vgl. Jean-Luc Godard, *Histoire(s) du cinéma*, München: ECM 1999

3) Alexander Kluge, *Die Patriotin. Texte/Bilder 1–6*, Frankfurt am Main: Zweitausendeins 1979

Ort der Sammlung

Das Unsichtbare Kino 3, 2003

Kein Objekt: ein Raum. Kann man Räume sammeln? Man kann – und sollte es sogar, wenn man für ein Museum des Films eintritt. Man sollte von den signifikanten historischen Kinoraumtypen, d. h. von den darin jeweils realisierten Standardvorstellungen einer Ära bezüglich Filmbild, Ton und deren Wahrnehmung, ein »Exemplar« bewahren und regelmäßig mit den entsprechenden Filmtypen bespielen: ein Ladenkino von 1913, ein Tonfilmkino der 30er Jahre, einen CinemaScope-Palast der 50er usw.

Peter Kubelkas *Unsichtbares Kino* ist selbst ein historischer, aber aus guten Gründen bis heute genützter Raumtyp. Er entstammt der Ära um 1960, als das Kino über sich selbst, seine bisherigen Leistungen und seine Grundbedingungen ernsthaft nachdachte: »Die Kunst des Films hängt von Maschinen ab. Bevor der Zuschauer einen Film sieht, hat dieser eine Kamera durchlaufen, einen Entwickler, eine Kopiermaschine, einen Schneidetisch und einen Projektor. Der Raum, in dem man einen Film sieht, ist eine weitere Maschine.«

So formuliert es ein Manifest, das am 1. Dezember 1970 zur Eröffnung des ersten *Invisible Cinema* nach Kubelkas Konzept erschien. An der Adresse 425 Lafayette Street in Downtown Manhattan etablierten die neu gegründeten *Anthology Film Archives* damit ihren zentralen Ausstellungsort. In Herbert Linders Übersetzung (1971 in der Zeitschrift *Filmkritik*, 1972 in Karsten Wittes Sammelband *Theorie des Kinos*) wurde das Manifest auch in unseren Breiten rasch und intensiv rezipiert. Das *Unsichtbare Kino* wird vorgeschlagen »als Norm für künftige Konstruktionen, in denen Filme gesehen werden sollen. Seine Züge reflektieren eine ernste Erkundung der Ästhetik der Filmbetrachtung. Was wünschen wir von einem Filmtheater? Die Schaffung eines Publikumsgeistes und die Möglichkeit, intensiv die filmische Realität zu erfahren.«

Das New Yorker *Invisible Cinema* existierte bis 1974. In der Folge orientierten sich diverse Film- und Kunstmuseen weltweit in unterschiedlichem Ausmaß an dessen Prämissen. Am 3. November 1989 eröffneten Peter Konlechner und Peter Kubelka eine zweite Variante: Der – baulich unveränderte – Filmsaal des Österreichischen Filmmuseums wurde zum durch und durch »schwarzen Kino«. An selbigem Ort realisierten Friedrich Mascher und Erich Steinmayr in Abstimmung mit Peter Kubelka das *Unsichtbare Kino 3*, baulich überarbeitet, neu bestuhlt und mit erweiterten Möglichkeiten für die Bild- und Tonwiedergabe. Es wurde am 3. Oktober 2003 eröffnet.

Es soll ein Ort der Sammlung sein, in mehrfachem Sinn. A. H.

3-D: Ein Stereografischer Blick in die Hölle

Louis Alfred Habert, »Les Diableries«, 1860–1875
Handkolorierte Albumin-Stereokarten, jeweils 17,7 × 8,7 cm

In der Fotosammlung des Österreichischen Filmmuseums existiert ein kompakter Bestand an Stereofotografien des 19. und frühen 20. Jahrhunderts. Darunter befinden sich neben Ansichten klassischer Reiseziele, der *Grand Tour,* auch Inventare großer Kunstsammlungen, im Besonderen von Glyptotheken.

Die Entdeckung der Stereoskopie im Jahre 1838, ein Jahr vor der Erfindung der Fotografie, geht auf den Briten Sir Charles Wheatstone zurück. Er nützte die Parallaxe – den Abstand der Augen bzw. den Winkel zwischen deren beiden »Blick-Linien« –, um einen räumlichen Eindruck zu erzielen: durch die Überlagerung zweier Bilder ein und desselben Objekts, die aus eben diesem Abstand aufgenommen wurden. Heute wird dieses Phänomen gemeinhin mit der Abkürzung »3-D« (drei Dimensionen) bezeichnet.

Die vorliegende Reihe stellt unbestritten einen Höhepunkt der Stereofotografie des 19. Jahrhunderts dar. *Les Diableries* ist das Lebenswerk von Louis Alfred Habert, Absolvent der Pariser École des Beaux Arts und später Mitarbeiter der höfischen Porzellanmanufaktur in Sèvres. Ab den 1860er Jahren realisierte Habert gemeinsam mit dem Verleger François Benjamin Lamiche seine Visionen einer diabolischen Unterwelt.

Die modular arrangierbaren, bühnenhaften Modelle waren aus Ton geformt. Unter Einbeziehung von Textilien, Glas und Metallobjekten *en miniature* erhoben sie einen Realitätsanspruch, der nur noch durch die äußerst feine Kolorierung der Fotografien übertroffen wurde. Letztere offenbart sich erst im Gegenlicht – und löst dann einen überraschenden Tag-Nacht-Effekt aus.

Die vollständige Serie umfasst 72 Ansichten aus der Hölle, die in sechs Lieferungen zu je einem Dutzend vermarktet wurden. Das Filmmuseum besitzt 23 dieser handkolorierten Stereokarten. Sie zeigen zumeist einzelne Ereignisse oder Orte, mit denen Satan (*Le Diable*) in Verbindung gebracht wird. Thematisch orientieren sie sich nicht an biblischen Motiven, sondern an einer sehr weltlichen Übertragung von zeitgenössischem Frevel aller Art. Damit kokettierend, wird sowohl eine Madame Satan als auch eine Mademoiselle gleichen Namens vorgestellt. Beißender Sarkasmus und humoristische Lebendigkeit sind kennzeichnend für die Sujets: Sie spiegeln ironisch verschiedene gesellschaftliche Missstände wie auch die Gepflogenheiten des gehobenen Pariser Bürgertums.

R. F. B

BUFFET.
24 UNE EXPOSITION INFERNALE
BUFFET.
UNE EXPOSITION INFERNALE

BUFFET.
24 UNE EXPOSITION INFERNALE
BUFFET.
UNE EXPOSITION INFERNALE

32. SATAN MALADE
SATAN MALADE

LA CHAUDIERE DU DIABLE
LA CHAUDIERE DU DIABLE

48 VISITE DU SOLEIL A SATAN.
VISITE DU SOLEIL A SATAN.

EXCENTRICITÉ DES TOILETTES
EMANCIPATION DU VICE
AUGMENTATION DU CHIGNON
CRINOLINES EN GRÈVE
CONFÉRENCE PAR Mlle SATAN
CONFÉRENCE PAR Mlle SATAN

50. SALLE DE JEU CHEZ SATAN
SALLE DE JEU CHEZ SATAN

PICRAC
51. LE LABORATOIRE DE SATAN
LE LABORATOIRE DE SATAN

59. LA CAVALERIE INFERNALE.
LA CAVALERIE INFERNALE.

63. LE BOUDOIR DE Mme SATAN.
63. LE BOUDOIR DE Mme SATAN.

Ars magna lucis et umbrae

39 teils bewegliche Schiebebilder für die Laterna Magica in der Originaltruhe, 1860–1880
75,5 × 35 × 40,5 cm

Die Ausstellungen finden auf der Leinwand statt, aber das Filmmuseum bietet auch Handlungs- und Spielraum für andere Ereignisse: Künstler/innen sprechen über ihre Arbeit, Lectures und Diskussionen werden vor der Leinwand abgehalten, und punktuell kommen nichtfilmische Projektionen zur Aufführung. Zum Beispiel im April 1969: »David Francis (London), der bekannte Spezialist für die Prähistorik des Films, zeigt seine Sammlung phantasmagorischer Bilder mit einer originalen, dreifachen Laterna Magica.«

Im Jänner 2009 kehrte Sir David an den Tatort zurück und bezauberte gemeinsam mit Joss Marsh das Wiener Publikum aufs Neue. Ihr spektakuläres Laterna-Magica-Programm *The Magic Carpet* evozierte – samt Live-Musik, Gesang und Abenteuererzählung – den »virtuellen Fremdenverkehr« des 19. Jahrhunderts. Die Originalapparaturen waren zwischen den Sitzreihen aufgebaut; ihre Handhabung blieb sichtbar.

Derartige »Augenmaschinerien« für künftige Generationen zu bewahren, ist eine der Bestrebungen des Filmmuseums. Das gilt auch für ein Konvolut von 39 großformatigen Laterna-Magica-Platten in ihrer Originaltruhe, erworben im Jahr 2010. Es sind dies sehr feine Miniaturen auf Glas; die Farbpigmente wurden mit Ei-Tempera gebunden, dadurch erhielten sie ihre Transparenz. Stilistisch verweisen die Motive noch auf die Ikonografie des Spätbiedermeier, weshalb sie auf 1860–80 datiert werden können.

Das Spektrum reicht von statischen Bildern bis hin zu »moving images«, die auf Schiebe- und Hebelmechanismen beruhen. Kurbelbilder wiederum erlauben eine kontinuierliche, kaleidoskopartige Bewegungsillusion; in diesen Fällen wird eine fixe Basisscheibe von einer zweiten bemalten Glasscheibe überlagert. Eine Serie mit Donau-Ansichten suggeriert eine weitere Bewegungsart. Es finden sich aber auch Motive, die ganz ohne Pinsel und Kamera entstanden sind. Zum Beispiel ein lichtundurchlässiger Papierstreifen, der, durch Nadelstiche perforiert, beim Kurbeln einen Sternenhimmel vorbeiziehen lässt. Ergänzt wird das Set durch Einzelbilder mit Elementen der Komik, Märchenmotiven sowie historischen Momenten aus dem Sezessionskrieg.

Von besonderem Interesse sind die Hybrid-Bilder, die das gerade erst 20, 30 Jahre alte Medium der Fotografie inkorporieren. Wie das Beispiel der Wiener Karlskirche zeigt, wurde die frühe Architekturfotografie hier mit Miniaturmalerei verschränkt – der scharfe Blick des Objektivs ist eingebettet in eine idyllische Staffage.

R. F. B.

13

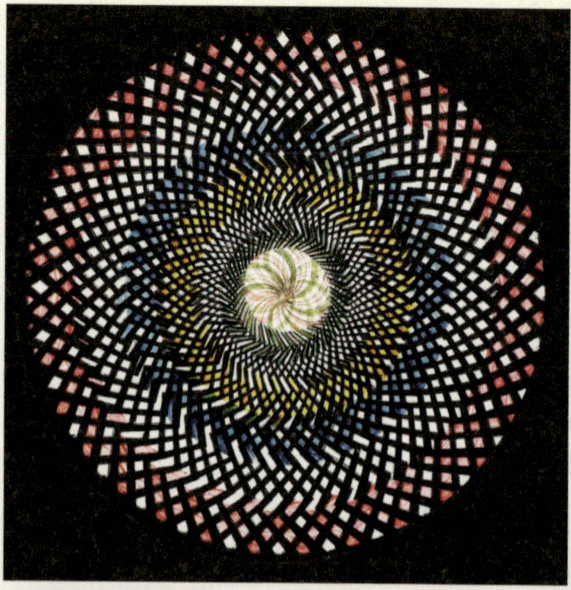

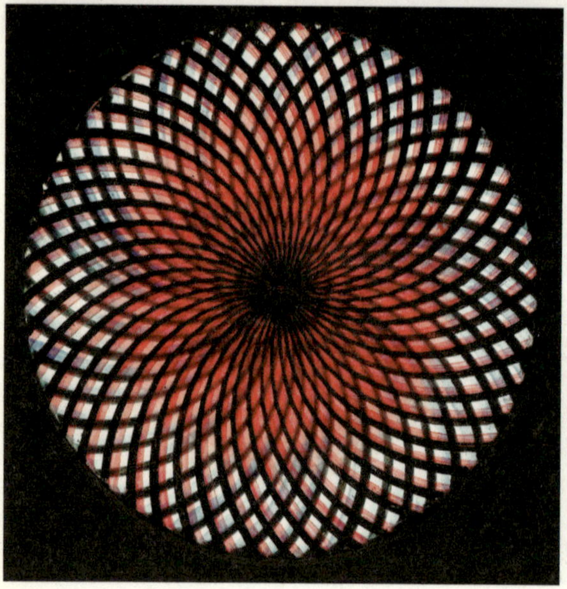

Im Geist der Bewegung

Étienne-Jules Marey, Zoetrop (Zehn Phasen des Möwenflugs)
Nachbau (1995) des Originalobjekts im Musée Marey, 1886/87
Eisen, Aluminium, Kupferband, Gips; Trommel: 38 cm (Höhe) × 113 cm (Durchmesser)

Das Zoetrop (griechisch: zoe = Leben, tropos = Drehung, Wendung) wird im deutschsprachigen Raum auch als Wundertrommel bezeichnet und ist ursprünglich eine Erfindung des Briten William George Horner, der sie unter dem Namen *Daedaleum* 1834 entwickelte. Erst in der zweiten Hälfte des 19. Jahrhunderts setzte sich dieses Instrument der optischen Bewegungsillusion für ein breiteres Publikum durch, wo es bis heute in den unterschiedlichsten Ausführungen auch als Kinderspielzeug verwendet wird.

Gegenüber den stroboskopischen Wunderscheiben von Simon Ritter von Stampfer und dem zeitgleich entwickelten Phenakistiskop von Joseph Plateau hatte das Zoetrop dank seiner räumlichen Form (Trommel statt Scheibe) einen Vorteil: Es konnte von mehreren Personen gleichzeitig benützt werden. Üblicherweise war auf der Innenseite ein Streifen mit zweidimensionalen Bildern angebracht, die elf bis dreizehn aufeinanderfolgende Phasen einer Bewegung darstellten. Durch die achsenparallelen Schlitze des in Drehung befindlichen Zoetrops lässt sich der Bewegungseffekt auf der jeweils gegenüberliegenden Seite beobachten.

Der französische Physiologe und Pionier der Chronophotographie, Étienne-Jules Marey, nutzte diese Apparatur in neuartiger Weise. Er entwickelte 1886 ein Modell, in dem zehn dreidimensionale Reproduktionen einer fliegenden Möwe zu sehen sind. Als Vorlage dienten ihm seine fotografischen Bewegungsstudien. Das Resultat ist bis heute verblüffend: in seiner Plastizität wie durch den visuellen Effekt, den es erzielt. Diese »Seh-Maschine« demonstriert ein Grundprinzip der späteren kinematografischen Projektion: Suggestion von Bewegung durch eine ausreichend schnelle – und regelmäßig unterbrochene – Aufeinanderfolge statisch-plastischer Abbilder, welche einzelne Bewegungsphasen repräsentieren.

Der originalgetreue Nachbau des Zoetrops wurde – so wie die auf S. 35 dargestellte Kopie von Mareys Skulptur – im Jahr 1995 auf Initiative von Peter Kubelka angefertigt, im Zuge der Vorbereitungen zum Zyklus *Was ist Film*. Die Originale befinden sich im *Musée Étienne-Jules Marey* in Beaune.

R. F. B.

Der Pulsschlag des Fliegens

Étienne-Jules Marey, »Décomposition du vol d'un goëland«
Bronzeguss, Kopie (1995) der Originalskulptur im Musée Marey, 1887
58,5 × 12,2 × 25,7 cm

Dieses Modell, das auf der (fünften) Pariser *Exposition Universelle* im Jahr 1900 ausgestellt war, galt lange Zeit als verschollen. Wiederentdeckt wurde es im Zuge der Vorbereitungen für eine große Retrospektive des Centre Georges Pompidou im Jahr 1977.

Étienne-Jules Marey zählt gemeinsam mit Eadweard Muybridge zu den Pionieren der Chronophotographie. Sein Interesse galt zunächst der grafischen Übersetzung und Darstellung von Bewegung. Schon 1869 entwickelte er eine Insektenflugmaschine, Pulsmessgeräte und 1882 seine fotografische Flinte (*fusil photographique*), mit der er erstmals den Vogelflug in Einzelbildern studieren konnte. Kennzeichnend für seine chronophotographischen Arbeiten war die Erforschung und Anwendung von Techniken, die es erlaubten, durch sehr kurze Aufnahme-Intervalle mehrere Momente einer Bewegung *in einem einzigen Bild* zu fixieren. Damit wurde er auch zu einem der bedeutendsten Form-Finder der Moderne.

Ausgehend vom fotografischen Material fertigte Marey detaillierte Zeichnungen an, die als Grundlage für skulpturale Umsetzungen dienten. Mit ihrer Installation in einem Zoetrop (siehe S. 31) konnte Marey die Flugbewegung in »realistischer« Manier wieder synthetisieren – als optische Illusion.

Die vorliegende Skulptur, im Original ausgeführt von einem unbekannten neapolitanischen Bildhauer nach Mareys Angaben, zeichnet in je zehn Einzelphasen zwei Flügelschläge der Möwe nach. Sie geht über die Realismus-Illusion hinaus.

Um Mareys Serie von Aufnahmen in eine *kombinierte* plastische Ausformung zu gießen, musste zunächst jede einzelne Figur definiert werden. Ingeniös zusammengesetzt, beschreibt das Objekt sodann die zahlreichen Punkte, die das Volumen der fliegenden Möwe in knapp einer halben Sekunde durchpflügt. 1890 publizierte Marey dazu sein bahnbrechendes Werk *Le Vol des oiseaux (Der Vogelflug)*.

Marey repräsentiert eine der entscheidenden Verbindungen zwischen der Naturwissenschaft des späten 19. Jahrhunderts und der Entwicklung des Kinematografen sowie der modernen Kunst. Für die Vertreter des italienischen Futurismus (Umberto Boccioni, Anton Giulio Bragaglia, Giacomo Balla) und der abstrakten Malerei (František Kupka, Marcel Duchamp) war sein Schaffen ein zentraler Referenzpunkt.

R. F. B.

Mit Fingerspitzengefühl

»Selbst-Cinematograph«, um 1910
Daumenkino-Edition, Emil M. Engel Verlag, Wien
3,8 × 1,8 × 5,5 cm

Blinde sehen mit ihren Fingern. Aber das Durchstöbern von Bildern mit den Fingern ist nicht allein das Vermögen von Menschen ohne Sehkraft. Sehende können mit den Fingern sogar starre Bilder beleben. Die Welt ist ungerecht, und das Fingerkino bestätigt diese Aussage in direkter Weise.

Das Daumenkino ist ein Büchlein mit sequenziellen Fotos oder Zeichnungen, die beim schnellen Blättern bewegt erscheinen. Die Biegung der Finger und des Büchleins erzeugt die Bewegung, und der Leser/Seher bestimmt Häufigkeit und Tempo der Vorstellung. In diesem Sinne wählte Emil M. Engel um 1910 einen aussagekräftigen Namen für die von ihm verlegten Objekte: »Selbst-Cinematograph«. Jeder ist sein eigener Vorführer.

Von den seltenen Exemplaren des Wiener Verlegers befinden sich das sechste der Reihe, *Am Trapez*, und das elfte, *Eine unruhige Nacht*, im Besitz des Filmmuseums.

Fingerkinos trugen in verschiedenen Ländern und Sprachen unterschiedliche Namen: in den USA »Flip book«, in Frankreich »Folioscope«, »Kineograph«, »Feuilletoscope« oder »Cinéma de Poche«. Mit der Erfindung der Kinematografie rückten die Bezeichnungen vom Buchmilieu ins Filmische. Um 1900 wandelte sich in Deutschland der Begriff »Abblätterbuch« in »Daumenkino«. Bei diesen Büchlein stehen die affektiven und haptischen Aspekte des Sehens im Mittelpunkt. Egal wie man sie bezeichnet, sie sind eine Stunde Null des Kinos.

Normalerweise werden diese kleinen Objekte als Spielzeug eingestuft. Weniger bekannt ist ihr nützlicher Gebrauch: um zu lernen, um die Gestik eines Redners nachzuahmen oder rasche Bewegungen von Sportlern zu studieren. 1930 wurde im *Völkischen Beobachter* ein Daumenkino beworben, das »die temperamentvolle Rede unseres Führers naturgetreu wiedergibt«. Im Winter 1928/29 ließ sich eine begabte Eiskunstläuferin von einer Wiener Firma mit Niederlassung in der Praterstraße als wagemutige Eistänzerin porträtieren, nämlich in »Kino-Block. Das lebende Bild«. Ein anderes Beispiel ist die mit 24 Daumenkinos bestückte Publikation *Living Pictures of my Figure Skating*, publiziert von Karl Schäfer, Eiskunstlauf-Olympiasieger in den Jahren 1932 und 1936 sowie Dauerweltmeister zwischen 1930 und 1936. Auch in der digitalen Kinolandschaft verblasst die magische Aussagekraft des Daumenkinos nicht: Gustav Deutsch, der bereits in den 1990er Jahren Fingerkinos angefertigt hatte, verwendete ein ebensolches, um 2013 seinen Film *Shirley – Visions of Reality* zu bewerben.

P. C.

VI. Selbst-
Cinematograph
(Lebende Photographie)
(Patentirt in allen Staaten)
Am Trapez.
Sur le Trapez.
On Trapez
Druck und Verlag
Man streiche mit dem Finger über die oberen Kanten der Blätter, wodurch die Sujets wie lebend sich bewegen.
XI. Selbst-
Cinematograph
(Lebende Photographie)
Patentirt in allen Staaten.
Eine unruhige Nacht.
Une nuit terrible.
A unquiet night.
Druck und Verlag

LIVING PICTURES
FIGURE SKATING
Karl Schäfer
WORLDCHAMPION
PART 1.
COMPULSORY FIGURES

Plakate, die laut singen

Kinoplakat des Elektro-Theater American Bioscop, Wien, um 1908
Hochdruck, 63 × 95 cm

Werbeplakate werden am einfachsten nach ihren Maßen identifiziert, sie können aber auch nach inhaltlich-formalen Gattungen in drei übergeordnete Gruppen geteilt werden: Bildplakate, Textplakate und die Mischung aus beiden. Das Bildplakat besteht aus einer bildlichen Darstellung ohne jeglichen Text. Das Textplakat trägt einen Text ohne Bilder, kann aber ornamentale Rahmungen oder einfache dekorative Elemente besitzen. Der Text, die Größe der Schrift, die Papierfarbe, die Auswahl der Schriftart ergeben so die Komposition als Ganzes. Das kinematografische Plakat, präsent schon ab 1895, beginnt sich ungefähr ab 1904, mit der Etablierung des Systems fester Kinosäle, rasch zu verbreiten. Textplakate waren vor allem in der Anfangszeit sehr populär, da sie billiger zu produzieren waren und in manchen Ländern weniger stark besteuert wurden.

Die textlichen Kinoplakate brachten eine Fülle an Informationen: Sie waren ein wichtiges Mittel für die Kinoinhaber der 1910er Jahre, um ihr Publikum über die wöchentlich wechselnde Programmierung auf dem Laufenden zu halten. Man erkennt ein Muster, das sich wiederholt: am oberen Rand der Name des Kinos, gefolgt vom Namen des Inhabers samt Adresse. Manchmal war der Straßenname mit ortsbezogenen Anmerkungen versehen. So liest man zum Beispiel im Fall des Plakates vom *Elektro-Theater American Bioscop* in der Ottakringer Straße 79: »vis-à-vis der Oelfabrik«. Das ist nicht nur ein Navigationshinweis, sondern auch ein klares Signal an das (arbeitende) Publikum.

Die Kopfzeile war meist durch eine Linie von der Auflistung der verschiedenen Filme getrennt, die das wöchentliche Programm bildeten. Die Filmtitel wurden durch Begriffe wie »Industriestudie«, »humoristische Szene«, »modernes Sittendrama« näher bestimmt. Es wurden weder, wie heute üblich, die Schauspieler erwähnt, noch die Regisseure – der Starkult war noch nicht geboren.

Aber das Plakat ist bereits Kino: faszinierend, bunt, mit Figuren und Schriften. So wurden die festen Wände, die für die Plakatierung vorgesehen waren, zu öffentlichen Leinwänden. Regelmäßig überklebt von anderen Bildern derselben Größe, ergeben die Plakate mit der Zeit eine Kaderfolge – im Rhythmus der Wochentage, nicht im Takt der Sekundenbruchteile. Die Verzauberung durch öffentlich Affichiertes beeindruckte auch den Poeten Guillaume Apollinaire: »Du liest Prospekte, Kataloge, Plakate, die laut singen. Das ist die heutige Poesie, und für die Prosa sind die Zeitungen da.« P. C.

Elektro-Theater

AMERICAN BIOSCOP

XVI. Bez., Ottakringerstrasse Nr. 79

vis-à-vis der Oelfabrik.

Jede Woche garantiert neues Programm.

Sensations-Programm vom 18. bis 24. Jänner.

Musik.

Auf dem Rasen

Komisch.

Der angeheiratete Onkel

Hochoriginell.

Der schlaue Pudel

Spannendes Drama in 7 Bildern.

Beschreibung siehe Programm!

Musik.

Die schwarze Hexe

Kolorierte Feerie.

Unerwartete Beute

Komisch.

Was Madame nicht alles wünscht

Hochkomisch. Sehr originell.

Wir erlauben uns das p. t. Publikum aufmerksam zu machen, daß die lebenden Photographien mit einem vollständig neuen Apparat (Modell 1908), gänzlich flimmerfrei und haarscharf konkurrenzlos vorgeführt werden.

Ebenso sind wir in der angenehmen Lage, unserem p. t. Publikum durch kontraktliche Abschlüsse mit den ersten Filmfabriken des Kontinents die neuesten und schönsten Bilder als Erster vor jedem Konkurrenz-Unternehmen zeigen zu können.

Um Ihr ferneres Wohlwollen bittend, zeichnet

hochachtungsvoll

Die Direktion.

Extravorstellungen für Vereine und Gesellschaften werden billigst berechnet.

Private Vorführungen, öffentliche Pleiten

Edison Company, »The Unfinished Letter« (1911/1913)
22mm-Film in der Originalfilmdose, 3,6 cm (Höhe) × 7 cm (Durchmesser)

Die Thomas A. Edison Incorporated brachte am 24. August 1911 den Film *The Unfinished Letter* zum nordamerikanischen Copyright Office. Der deutsche Verleihtitel *Der unbeendigte Brief* steht auf der seitlichen Etikette einer Blechdose, die das Filmmuseum samt Inhalt bewahrt. Auf einer zweiten Etikette, auf dem Deckel, befinden sich zahllose Anweisungen bezüglich der Rechte zur Vorführung des Films. Der Boden der runden Metallschachtel ist durch eine Schraube fixiert, die auch den Film blockierte – effektives und funktionelles *packaging*.

Dieser Film wurde für das Kinetoscope vermarktet, ein Heimkinosystem, das Edison 1912 entwickelt hatte. Das *Home P. K. (Home Projecting Kinetoscope)* wurde konzipiert, um das Kino in den Wohnzimmern des Mittelstands zu etablieren. Entscheidend für das Erreichen dieses Ziels war, dass zum ersten Mal Filme für den Hausbedarf auf Acetat-Zellulose-Basis hergestellt wurden, die also nicht entzündbar waren. Die Filmstreifen waren 22 mm breit, auf drei parallelen Streifen liefen die Bildkader, jeder war 5,7 mm breit. Das Ausmaß der Miniaturisierung war gewaltig, auf zirka 33 Zentimeter Film hatten 210 Kader Platz.

Die Filme wurden über das nordamerikanische Postsystem vertrieben. Ein gekaufter Film konnte nach Orange, New Jersey, an Edisons Hauptquartier geschickt und gegen einen anderen, gleichwertigen getauscht werden. Die meisten Titel, wie auch *The Unfinished Letter*, waren Reduktionskopien von 35mm-Edison-Filmen, es wurden aber auch neue Sujets auf diesem spezifischen Format gedreht. Insgesamt standen den Kino-Amateuren ca. 160 Filmtitel zur Disposition. Sie waren in verschiedene Kategorien von A bis H unterteilt. Ein Film B war 20 Fuß lang und kostete 5 Dollar. *The Unfinished Letter*, zur Kategorie D gehörend, war 40 Fuß lang und kostete 10 Dollar. Dafür konnte man folgende Geschichte erleben: Ein Diener bittet seinen Arbeitgeber, einen Brief für seine geliebte Lulu zu schreiben. Der Brief wird begonnen, das Schreiben wird vom Eintreffen der Ehefrau des Arbeitgebers unterbrochen. Die Ehefrau liest ein paar Sätze und vermutet sofort Ehebruch. Das Missverständnis wird aufgeklärt – und wenn sie nicht gestorben sind, dann leben sie noch heute. Was nicht überlebte, war Edisons Geschäftsidee: das Unternehmen Kinetoscope endete 1914 in einem kommerziellen Fiasko.

P. C.

Class D
The Unfinished Letter
THOMAS A. EDISON, INC.
ORANGE, N.J.
U.S.A.
FILM
ZU EDISON
KINETOSKOP.

FILM
ZU EDISON
KINETOSKOP.

Lob der Schere

Schlemmer-Filmkadersammlung, 1910–1960
35mm-Film, Einzelkader und Fragmente

»Snipping and mutilation of reels by exhibitors must stop.« So titelte *Variety* am 16. Januar 1914 voller Sorge. Der Artikel berichtet über jene Vandalen, die Filme verstümmelten. Ausschneiden war in der *Belle Époque* Mode geworden, und die Technik der Collage wurde auch in den Werken von Braque und Picasso verwendet. In zeitlicher Nähe zur Erfindung des Kinos entstanden die ersten Firmen, die auf professioneller Basis Zeitungsartikel ausschnitten und für ihre Kunden sammelten. Cutting entsprach dem Zeitgeist und war auch in Österreich verbreitet.

Die Schlemmer-Filmkadersammlung wurde von Edith Schlemmer, der langjährigen Archivleiterin des Hauses, für Forschungs- und Publikationszwecke im Österreichischen Filmmuseum deponiert. Dieser kleine Schatz besteht aus 2254 Filmkadern und Filmfragmenten, die Frau Schlemmer in 67 Kuverts übergeben worden waren. Nur auf zehn Kuverts waren österreichische Verleihtitel – beziehungsweise eine Annäherung daran – verzeichnet. Die meisten Kader befanden sich in unbeschrifteten Kuverts, geordnet nach einem System, das auf den ersten Blick eher chaotisch anmutete.

Die Filme, denen der ursprüngliche Sammler die Kader entnahm, sind fast durchwegs Stummfilme, vor allem aus den Jahren 1910 bis 1920. Viele dieser Werke gelten heute als verloren.

Die Sammlungstätigkeit des uns unbekannten »Cutters« – der sicher kein Vandale war – erstreckte sich bis in die Fünfzigerjahre. Dank seiner Schere sind Kader aus verschollenen Filmen bis heute erhalten. Ein Stück, ein Teil ist besser als nichts. Noch dazu ist das Ausschneiden und Rekombinieren selbst eine gestalterische Arbeit; sie produziert ein Unikat. Die künstlerische Leistung, obwohl zutiefst amateurhaft, artikuliert sich in einer präzisen Art der Montage: Es geht um visuelles Erzählen. Der Sammler verfasste ein *Cabinet d'amateur*, eine Kollektion ausgestellter Bilder für ein ausgewähltes Publikum (Freunde, Bekannte, andere Amateure) – der Prototyp des Museums in modernem Verständnis.

Seit 2009 gibt das Österreichische Filmmuseum über seine Homepage einem breiten Publikum Zugang zu den Digitalisaten sämtlicher 2254 Elemente – und damit zur besonderen Schönheit der Farben und der Fotografie des Frühen Kinos. P. C. – M. L.

Der Taucher.
four Sunbeams
10,000 Mk
der die von Mr.Cesar

In the hope of pleasing the ladies

»Motography«, Filmzeitschrift, Vol. VIII, Nr. 1, 6. Juli 1912

Während in den ersten Fachzeitschriften des Films vor allem über technische Innovationen berichtet wurde, gerät ab den frühen 1910er Jahren das neu entstehende Starsystem in den Fokus. Für Sozial- und Wirtschaftshistoriker sind die Fanmagazine und Branchenzeitschriften dieser Ära eine reiche Quelle. Eine der Letzteren, *Motography*, richtete sich primär an die *professionals* des jungen Kinogeschäfts und wusste schon im März 1911 die schnöde Wahrheit über die Stars, die sich gerade herausbildeten: »They constitute one of the most valuable assets in the film maker's treasury.«

Am 6. Juli 1912 prangt eines der frühesten dieser werthaltigen Güter auf dem Cover. Miss Myrtle Stedman war so wie die Zeitschrift selbst ein Chicagoer Kind. Das Heft nennt sie im Untertitel »Leading Woman Selig's Eastern Company«. Die Firma von Colonel William N. Selig, dem eigentlichen (Er)Finder von Hollywood, besaß aber zwei Standorte – und Myrtle Stedman war an beiden gefragt: Im Winter arbeitete sie in Kalifornien, unter freiem Himmel (Western und Abenteuerfilme), im Sommer an der Ostküste (Dramen und Studioproduktionen). 1912 trat sie überdies, im Rahmen einer »personal appearance tour«, vor den Insassen des Staatsgefängnisses von Colorado auf.

Der edle Schwanenhalsschwung, mit dem Stedman (1883–1938) von *Motography* aufs Cover gebracht wurde, hinderte sie nicht daran, sich ausdrücklich für Frauenfragen in der Filmindustrie einzusetzen. Ihre Hauptrolle in *Hypocrites* (1915), einem der wenigen überlieferten Filme der Regisseurin Lois Weber, gilt als ein Höhepunkt ihrer Karriere. Auch in dieser Hinsicht rückt *Motography* freilich – im Jahr 1914 – die Realität zurecht: »The ladies are the real spenders and the real pleasure seekers. This may work itself out in three different ways: the ladies may spend their own nickels and dimes, or they may persuade the men to spend theirs, or the men may spend in the hope of pleasing the ladies. But ladies are always the prime movers, the originating cause of expenditure.«

Am Gipfel ihres Ruhms wurde Myrtle Stedman mit zahlreichen Titeln belegt: »The Venus of the Movie World«, »The Girl with the Search-light Eyes« und natürlich »The Selig Girl«. Es heißt, dass sie selbst jenen Namen am liebsten mochte, der sowohl die Expressivität ihres Gesichts als auch ihre frühere Karriere als Sängerin ansprach; diese Wortschöpfung verleiht einem Antlitz des Stummfilms den Klang, der in der technischen Realität des Mediums noch fehlte: Myrtle Stedman, »The Girl with the Sweet Contralto Eyebrows.«

E. S. – A. H.

VOL. VIII. JULY 6, 1912. No. 1.

MOTOGRAPHY

EXPLOITING

MOTION PICTURES

Published Bi-Weekly by Electricity Magazine Corporation, Monadnock Building, Chicago

MISS MYRTLE STEDMAN
LEADING WOMAN SELIG'S EASTERN
COMPANY

Ein Lebensbild aus Künstlerkreisen

Louis Wagner, zweiteiliges Plakat zu »Marga« (1913, Danny Kaden)
Lithografie, 125 × 184,5 cm

1. Akt. Als ob die roten Lettern des Titels selbst das Plakatsujet aufbrechen möchten, prangt *Marga!* in breiten Versalien weithin sichtbar auf diesem frühen lithografischen Filmplakat. Wie unschwer zu erkennen ist, macht das Rufzeichen einen der beiden Männer, die durch den Vorhang eintreten, zum Sprachrohr. Doch auch man selbst spricht insgeheim den Titel aus: als Betrachter im öffentlichen Raum, dem das Plakat ins Blickfeld gerät. Man liest bzw. spricht den Titel und wird integraler Teil der Szenerie – durch die imaginäre vierte Wand hindurch.

2. Akt. Ein Lebensbild aus Künstlerkreisen – in drei Akten – für Kinder verboten! – soviel ist der relevanten Filmliteratur zu entnehmen. Vielleicht ist Frau Marga ja eine Vorbotin anderer Avantgarde-Künstlerinnen des 20. Jahrhunderts. Man denke an Viva! – Fixstern im Himmel von Andy Warhols Factory, die sich ihr Rufzeichen als Teil des Künstlernamens einverleibte; oder an VALIE EXPORT, deren angenommener Name nur in Versalien korrekt wiedergegeben ist. Auch eine andere Assoziation ist denkbar: ein Filmplakat des Marketing-Genies Alfred Hitchcock, in dem er den Richtungsvektor des Betrachters ähnlich selbstreflexiv ins Geschehen einbezieht. Für eine Plakatvariante von *The Birds* (1963) ließ er sich selbst mit folgendem Zitat ablichten: »...and remember, the next scream you hear might be your own!«

3. Akt. Die erzählerischen Umstände des plakatierten Bildersturms, dessen Wirkung im gepflegten großbürgerlichen Ambiente umso massiver erscheint, bleiben im Dunkeln. Ist das nackte Luftwesen auf dem Bild-im-Bild eine malerische Repräsentation der Kunstattentäterin? Oder einer Rivalin? Die Hauptdarstellerin des Films, Marga Fugger, teilte ihren Namen mit der Titelheldin. In die Filmliteratur ging sie nur mit einem zweiten Werk ein – *Flammentänzerin* (1914, Georg Jacoby). Vom *Marga*-Regisseur Danny Kadden sind mehr als 70 Kurzfilme bekannt, die er bis etwa 1920 inszenierte und in denen er häufig auch als Schauspieler mitwirkte, zum Teil unter dem Namen Nunek Danuky. Sein Geburtsname war Daniel Kirschenfinkel. Er starb 1942 im Warschauer Getto. Der Film *Marga* gilt als verschollen, die Antizipation hält an. R. F. B.

MARGA!
Lebensbild in 3 Akten.
URANUS-FILM-GESELLSCHAFT
URANUS-FILM

Zwei »Z« im Land der Erfinder

Alexander Zsigmond, Filmkamera »Zenit«, 1920
28 × 20 × 44 cm

Die spärlichen biografischen Angaben zu Alexander Zsigmond lassen ihn heute als einen umtriebigen, film- und fotobesessenen Unternehmer erscheinen. Obwohl seine Wiener Firma auch nicht annähernd die Dimensionen von *Messter Film* in Berlin oder den *Établissements Gaumont* in Paris erreicht hat, gleicht sein Lebenslauf, was Erfindungsgeist und Vielseitigkeit betrifft, doch ein wenig dem der ausländischen Seelenverwandten.

Um die Jahrhundertwende in Wien geboren, macht sich Alexander Zsigmond früh selbstständig und eröffnet sein erstes Geschäft für fotografische Bedarfsartikel in der Mariahilfer Straße 194. Später zieht er öfters um, bleibt dann aber bis Ende des Zweiten Weltkriegs in der Wollzeile 30. Von Anfang an versteht er sich nicht bloß als Händler, sondern arbeitet auch als Kameramann und Porträtfotograf im eigenen Atelier.

Um 1919 gründet er die *Zenit-Film* in Wien und zeichnet neben der Produktion auch für Regie, Drehbuch und Aufnahme des Spielfilms *Madame Blaubart* verantwortlich. Der Film ist nicht überliefert, und es ist auch nicht klar, ob die *Zenit-Film* weitere Werke produziert hat oder nur diesen einen. Die Idee für den Bau einer eigenen »Zenit«-Kamera dürfte aber höchstwahrscheinlich im Zusammenhang mit der gleichnamigen Produktionsfirma gestanden sein.

Die 35mm-Kurbelkamera, die sich in der Sammlung des Österreichischen Filmmuseums erhalten hat, wurde 1920 von Zsigmond patentiert. Sie ist ein sehr seltenes – wenn nicht sogar das einzige – Beispiel einer in Serie hergestellten professionellen Filmkamera aus dem Österreich der Zwischenkriegszeit. Es ist nicht dokumentiert, in welcher Stückzahl die Kamera produziert wurde, aber die Tatsache, dass sie in der zeitgenössischen Fachpresse nur mit einigen kurzen Notizen gewürdigt wurde, legt die Vermutung nahe, dass sich der kommerzielle Erfolg des Geräts in Grenzen gehalten hat. Auch dürfte sie keine nennenswerten Nachfolger gehabt haben: Alle weiteren Patente, die Alexander Zsigmond eingereicht hat, beziehen sich ausschließlich auf Fotoapparate.

Eine gewisse Bekanntheit erlangte seine UNITAS-Kleinbildkamera, die von 1949 bis zu seinem Tod im Jahr 1958 über seine Firma in der Kleeblattgasse 11 im ersten Wiener Gemeindebezirk vertrieben wurde. M. R.

Der Ätna, vom Kinematographen her betrachtet

Jean Epstein, »Le Cinématographe vu de l'Etna«, 1926
Buchedition, Paris: Les écrivains réunis

Unsere Bibliothek ist eine Schatztruhe des Wissens über Kino und Film. Sie bezieht ihren Anspruch aber primär daraus, wie dieses Wissen genützt, transformiert, in Bewegung gebracht wird, und nicht aus dem Kult um das einzelne Buchobjekt oder den »Goldschatz« besonders seltener Stücke. Und es ist auch nicht Fetischismus, der es im Fall von Jean Epstein und einigen anderen Schriftstellern sinnvoll erscheinen ließ, Erstausgaben zu sammeln (im vorliegenden Beispiel sogar eine signierte). Erstens, weil es bei »Künstler-Büchern« oft auch in der Gestaltung zu starken Aussagen kommt, und zweitens, weil die meisten jener Autoren, die das moderne Filmdenken geprägt haben, dies sowohl mit ihren Filmen wie mit ihren Vorträgen oder publizistischen Arbeiten taten – welche daher ebenso im Original zu dokumentieren sind.

In dieser Reihe, zu der man auch Eisenstein, Godard, Kubelka, Pasolini oder Vertov zählen darf, nahm Epstein lange den Platz des »großen Unbekannten« ein – zumindest im deutschen Sprachraum. Dies war der Grund für das Filmmuseum und Synema, im Jahr 2008 eine ihrer gemeinsamen Publikationen der deutschen Übersetzung und Kommentierung von Epsteins Schriften über den Film zu widmen. Damals wurden auch die fünf Erstausgaben erworben, die im Filmmuseum vorliegen.

Epsteins zentrales Thema ist die fundamentale Erschütterung, die durch die »Intelligenz der Kinomaschine« im Sehen, Fühlen und Begreifen der Welt ausgelöst wird: Der Film eröffnet der Menschheit neue Dimensionen der Philosophie. »Das Kino stürzte uns ins Nicht-Verstehen. Lange haben wir nichts verstanden. Nichts, nichts, und wieder nichts.« Als Epstein-Leser hingegen kann man zahllose Momente eines plötzlichen, tiefen Verstehens erleben – oft genügt eine prägnante Formulierung, um die ganze Fülle eigener, wiedererkannter Kinoerfahrung hervorzuholen.

Mit dem *Ätna*-Buch könnte man anfangen. Beide, um die es hier geht, das Naturschauspiel des Vulkans wie auch der Kinematograph, liefern uns »unerwartete Begegnungen mit uns selbst«. Und der Animismus des Kinos wird zur Schleuse für eine neue, moderne Idee der Natur. »Auf der Leinwand gibt es kein Stillleben. Die Dinge verhalten sich. Die Bäume gestikulieren. Die Berge, wie dieser Ätna, bedeuten. Jedes Detail wird zu einer handelnden Person. Ein erstaunlicher Pantheismus ersteht wieder und erfüllt die Welt bis zum Platzen. Anemonen, voller Rhythmus und Persönlichkeit, entwickeln sich mit der Majestät von Planeten.« A. H.

Jean Epstein

LE CINÉMA--TOGRAPHE VU DE L'ETNA

LES ÉCRIVAINS RÉUNIS
11. Rue de l'Ancienne-Comédie, 11
PARIS

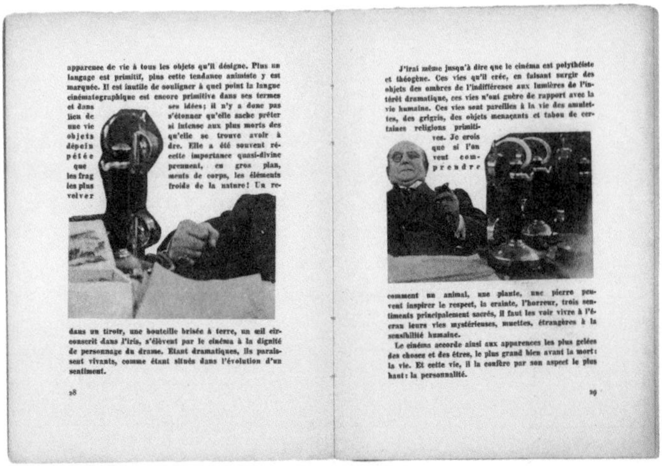

apparence de vie à tous les objets qu'il désigne. Plus un langage est primitif, plus cette tendance animiste y est marquée. Il est inutile de souligner à quel point la langue cinématographique est encore primitive dans ses termes et dans ses idées; il n'y a donc pas lieu de s'étonner qu'elle sache prêter une vie si intense aux plus morts des objets qu'elle se trouve avoir à dépein dre. Elle a été souvent ré pétée cette importance quasi-divine que prennent, en gros plan, les frag ments de corps, les éléments les plus froids de la nature! Un re volver

dans un tiroir, une bouteille brisée à terre, un œil circonscrit dans l'iris, s'élèvent par le cinéma à la dignité de personnage du drame. Etant dramatiques, ils paraissent vivants, comme étant situés dans l'évolution d'un sentiment.

28

J'irai même jusqu'à dire que le cinéma est polythéiste et théogène. Ces vies qu'il crée, en faisant surgir des objets des ombres de l'indifférence aux lumières de l'intérêt dramatique, ces vies n'ont guère de rapport avec la vie humaine. Ces vies sont pareilles à la vie des amulettes, des grigris, des objets menaçants et tabou de certaines religions primitives. Je crois que si l'on veut comprendre comment un animal, une plante, une pierre peuvent inspirer le respect, la crainte, l'horreur, trois sentiments principalement sacrés, il faut les voir vivre à l'écran leurs vies mystérieuses, muettes, étrangères à la sensibilité humaine.

Le cinéma accorde ainsi aux apparences les plus gelées des choses et des êtres, le plus grand bien avant la mort: la vie. Et cette vie, il la confère par son aspect le plus haut: la personnalité.

29

Fiat Lux

Kinoaushang zu »Metropolis« (1927, Fritz Lang)
Handkolorierte S/W-Diapositive, Fotograf: Horst von Harbou, jeweils 27,8 × 21,6 cm

Film Stills stellen eine jener Instanzen dar, die den Film vermitteln – im Vorfeld des Kinobesuchs oder in der Erinnerung daran. Ihre Bedeutung liegt nicht so sehr in der authentischen fotografischen Wiedergabe einer filmischen Realität, sondern in deren Zurichtung für die öffentliche Rezeption: als antizipierendes Bild im Kinoschaukasten oder in der Zeitung. Die Autorenschaft des Fotografen spielt selten eine Rolle, im besten Fall ist der betreffende Name im Filmabspann verzeichnet. Das Foto erscheint als bloßes Dokument, geliefert von einem Handwerker, der darin eher den Blick des Kameramanns und des Regisseurs widerspiegelt als seinen eigenen. Ihm einen naiven Umgang mit dem fotografischen Medium zu unterstellen, wäre dennoch ein Fehler, denn gerade Film Stills prägen ganz wesentlich die Aura und die Erwartungshaltung, die einen Film zum Zeitpunkt des Kinostarts umgeben. Sie bilden gewissermaßen den »Originalrahmen« zum filmischen Werk.

Im Falle einiger deutscher Großproduktionen der 1920er und 30er Jahre wurden Film Stills in einer speziellen Form produziert: als transparente und handkolorierte Aushang-Folien. Dieses Medium zeichnet sich durch große Detailschärfe und durch eine Farbpalette mit besonders intensiven Violett- und Rottönen aus, wie sie nur im Durchlicht entstehen. Die für die Sichtbarkeit des Bildmotivs notwendige Hinterleuchtung nimmt unwillkürlich Bezug auf die Kinoprojektion selbst.

Wie die Beispiele aus *Metropolis* andeuten, sollte die Meisterschaft in der Licht- und Schattenführung, die das Kino der Weimarer Republik insgesamt auszeichnet, wohl auch in den Werbematerialien zum Tragen kommen. Im Österreichischen Filmmuseum sind für den Zeitraum 1926 bis 1936 weitere Aushang-Folien belegt – erwähnenswert etwa die Motive aus *Tolle Lola* (1927), *Alpentragödie* (1927) und *Der Student von Prag* (1926).

Über die Art und Weise, wie man die Folien in den Kinofoyers darbot, gibt es bis dato noch kein gesichertes Wissen. Es bleibt zu klären, ob sie im Rahmen, auf Schienen oder gar liegend präsentiert wurden. Bei Nacht oder am Abend, ausgestellt in Leuchtkästen, erzielen sie jedenfalls ihre beste Wirkung. Was ihre Haptik betrifft, sind diese großformatigen und biegsamen Diapositive Röntgenbildern vergleichbar. Es ist allerdings fraglich, ob sie – so wie letztere – eine tiefere Wahrheit über den (Film-)Körper preisgeben, dessen Inneres sie repräsentieren.

R. F. B.

AN
LAN

Unter Riesen und Liliputanern – die gezeichneten Abenteuer eines Kameramanns

Dziga Vertov, Storyboards und Notizen, 1.9.1928, zu »Čelovek s kinoapparatom« (1929)
Rote Tinte auf Heftseite, 21 × 15,8 cm

Wie eine Kanone denkt er sich die Kamera. Der sowjetische Filmemacher Dziga Vertov will sich bei der Vorbereitung seines Projekts *Čelovek s kinoapparatom (Der Mann mit der Kamera*, 1929) nicht nur auf die Sprache verlassen. Seine Ideen für die erstaunlichen Doppelbelichtungen und Tricks im Film sollen auf einem Blatt Papier in ein paar Federstrichen veranschaulicht werden. Vertovs Kameramann erobert seine Bilder in verschiedener Gestalt, wie Gulliver: einmal riesenhaft groß (rechts) und dann wieder winzig klein (links). Trotz des begleitenden martialischen Kommentars präsentieren die Strichmännchen neben konzentrierten Gesichtern auch ein freundliches Lächeln, wenn sie über Volleyballnetze balancieren oder ihnen Flugzeuge um die Beine kreisen. Dziga Vertov als Grafiker: Nur wenige Skizzen dieser Art sind von ihm bekannt; darunter ist die rote Tuschezeichnung auf einer Heftseite (vorne und hinten) zweifellos ein einmaliges Dokument.

Vertovs Filme elektrifizieren stets neue Generationen von Filmemacher/inne/n, Forscher/inne/n und Filminteressierten. Formulieren wir also in freier Anlehnung an den technokratischen Slogan der UDSSR (Kommunismus = Sowjetmacht + Elektrifizierung des ganzen Landes) die folgende Losung: »Sammlung Dziga Vertov = Bewahren + Ausstellen«. Vom Österreichischen Filmmuseum als »elektrischem« Impulsgeber wird sie konsequent seit Jahrzehnten weitergetragen – mit Retrospektiven im In- und Ausland, durch Forschungsprojekte, über Bücher und DVD-Editionen.

Vertovs Vision von einem weltumspannenden Netzwerk, das minutenaktuelle Berichterstattung liefern kann, antizipiert im konstruktivistischen Taumel der 1920er Jahre schon die Möglichkeiten des Internet. 2009 hat das Filmmuseum diese Idee ganz konkret umgesetzt. Nicht nur der dargestellte Autograph ist – wissenschaftlich kommentiert – *online* zu finden; rund 2000 andere Objekte aus der Vertov-Sammlung stehen allen Interessierten zur Verfügung. Eine weitere Losung: »Sammlung Dziga Vertov = Artefakt + virtuelles Objekt«. So ist es nur folgerichtig, dass das Filmmuseum 2012 die überlieferten Ausgaben der *Kinonedelja*-Wochenschau (1918/1919) im Internet publizierte. Sammlung Dziga Vertov = Filmmuseum + Enthusiasmus.

A. HEF.

Киев 1 сент. 28 г.

„Чел. с аппарат."

Аппарат-орудие наводит дуло на город.

1. [icon] – объектив с приспособл., снято, как оружие, орудие – шарит над городом.

2. [icon] – жерло объект. входит в кадр, останавливается, потом идет дальше

3. дуло объект. плывет над городом

4. аппарат весь несется над городом, как „медн. всадник"

5. великан ч-к стоит, расставив ноги, и смотрит вниз, наводит, снимает.

V78/1 TSCHELOVEK S KINOAPPARATOM.
Aufnahmeskizze, Kiev, 1.9.1928

6.

7.

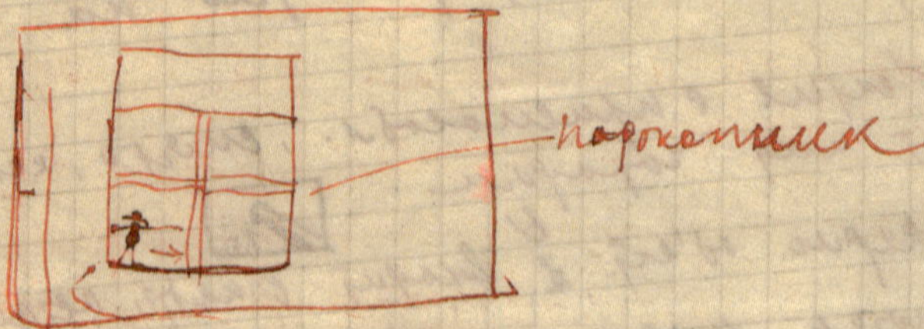

8.

284

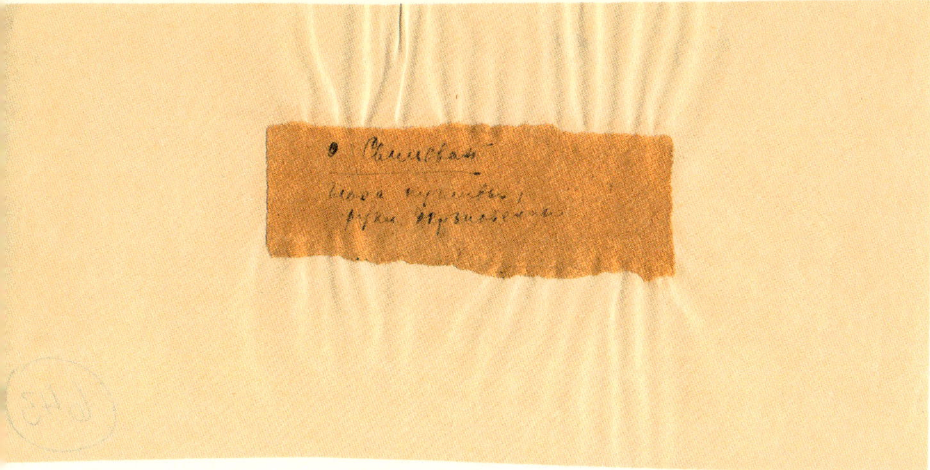

Vertov-Gedicht: »O Svilovoj«, Elizaveta Svilova gewidmet, ca. 1922. Originaltext: »Glaza puglivy, ruki derznovenny« (»Die Augen sind scheu, die Hände kühn«)

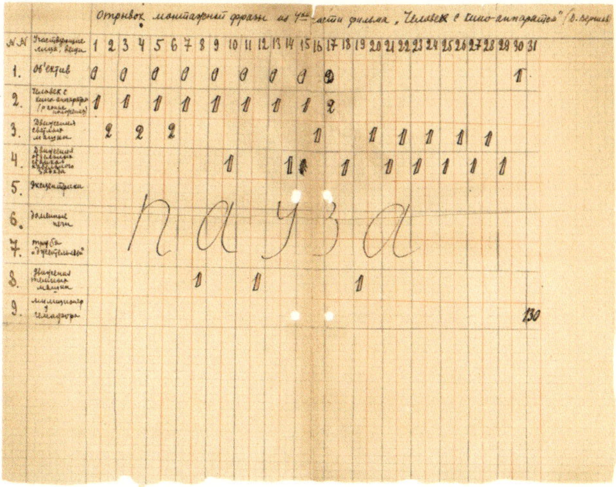

Vertovs Versuch, einige Einheiten von *Čelovek s kinoapparatom* als zählbare, formalisierte Größen zu skizzieren, ca. 1928

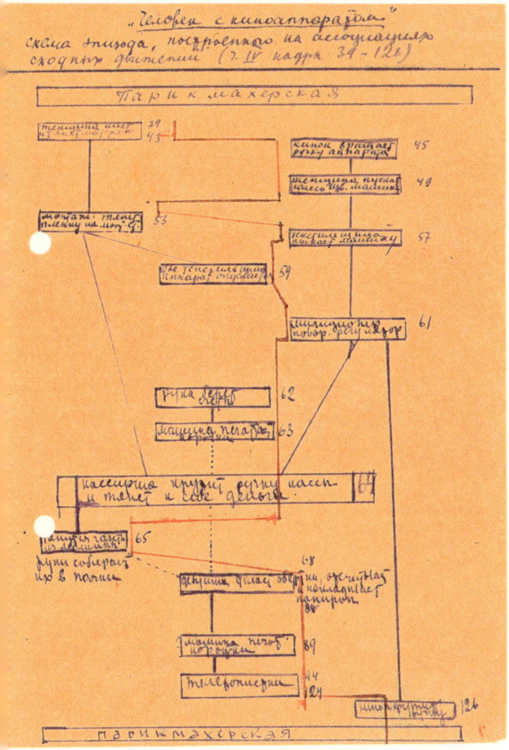

Von Vertov handgezeichnetes Diagramm einer Szene aus *Čelovek s kinoapparatom*, ca. 1928

Rekonstruktion eines Films

Foto-Konvolut zu »The Case of Lena Smith« (1929, Josef von Sternberg)
Jeweils 25,8 × 20,4 cm

Im Jahr 1931 schreibt der Kritiker Dwight Macdonald einen großen Essay über die sowjetische und die amerikanische Filmkunst. Letztere ist für ihn praktisch gleichbedeutend mit den Filmen Erich von Stroheims und Josef von Sternbergs, beide gebürtig aus Wien. Und er sagt: »Der amerikanische Film, der mich am meisten befriedigt hat, ist der letzte Stummfilm Sternbergs, *The Case of Lena Smith*.«

Diese hohe Einschätzung von *The Case of Lena Smith* (1929) wird von den meisten Cinephilen und seriösen Kritikern der Zeit geteilt. Es ist auch jenes Werk im Œuvre Sternbergs, das am stärksten (und mit vehementer Gesellschaftskritik) auf seine eigene Kindheit in Wien bzw. auf die Wiener Literatur des Fin de siècle rekurriert. Und: es ist verloren. Außer einer vierminütigen Prater-Sequenz, die 2003 vom Historiker Hiroshi Komatsu in einem chinesischen Antiquitätengeschäft gefunden wurde und heute im Österreichischen Filmmuseum vorliegt, ist von diesem Film nichts überliefert. Es sei denn, man weitet den Blick und schaut über die Perforation des 35mm-Streifens hinaus: Da finden sich hunderte Fotografien, persönliche Erinnerungen, Drehbuchversionen, Rezensionen, Beschreibungen des Films Einstellung für Einstellung, Dekorzeichnungen, Listen der Zwischentitel in mehreren Sprachen und zahllose weitere Dokumente. Aus all dem konnte etwas entstehen. Zum Beispiel ein 300-seitiges »Buch zum Film, den es nicht gibt«, herausgegeben von Michael Omasta und dem Autor dieser Zeilen: *Josef von Sternberg – The Case of Lena Smith* (Wien: FilmmuseumSynema-Publikationen 2007).

Das Foto-Konvolut zu *The Case of Lena Smith* im Filmmuseum besteht heute aus mehr als 160 Motiven, darunter Stand- und Produktionsfotos, Kadervergrößerungen sowie Reproduktionen von Set Designs und Filmauswertungsdokumenten. 54 Objekte in dieser Mappe sind Vintages, also Originalabzüge aus der Zeit. Die hier abgedruckte Reihe, in der sich klassische Film Stills mit »halbfiktionalen« Publicity-Fotos der Hauptdarstellerin Esther Ralston vermischen, ist ein kleines Beispiel für die Dichte, mit der die Hollywood-Studios der klassischen Ära jeden Moment und Aspekt einer Produktion dokumentierten – zum Zweck der Werbung, natürlich, aber auch, aus heutiger Sicht, für die Geschichtsschreibung, die aus den Scherben einer Zivilisation deren Lebensweisen und Werke zu rekonstruieren sucht. Die 160 Bilder zu *Lena Smith* sind Zwischenbilder aus einem Zwischenreich: zwischen Film und Fotografie, zwischen Verlust und Utopie. A. H.

731-87

731

731-86

731 60

731-103

731 91

731 93

med ana schwoazzn dintn

Sammlung Dattlinger, 1925–1935
Tuschzeichnungen auf Papier, teilweise kaschiert, jeweils ca. 30 × 20 cm

Das Ereignis Kino für die individuelle Nachbetrachtung zu erhalten oder Aspekte der großen Scheinwelt in die kleine, reale des individuellen Alltags einzuschleusen, war seit jeher Teil der kinematografischen Sammelkultur. Sie umfasst den regelmäßigen Erwerb kommerziell herausgegebener Serien von Devotionalien ebenso wie individualisierte Praktiken (und zahlreiche Mischungen aus beiden). Sie kann sich auf Zigarettenbildchen und deren Alben, auf Fotopostkarten und Filmprogramme beziehen, aber auch auf Eintrittskarten und Zeitungsausschnitte. Und sie kann in die Herstellung neuer Objekte münden, bis hin zum amateurhaften Filmemachen, das im Schmalfilmformat und ohne großes Budget manche Elemente aus der Kinoerfahrung nachzuahmen versucht.

Ein nicht nur aufgrund des Umfangs und des Zeitraums bemerkenswertes Dokument individueller Cinephilie ist die vom Filmmuseum im Jahr 2005 übernommene Sammlung Dattlinger. Sie realisierte sich im Medium der Zeichnung.

Auf 194 Blättern, teils auf Untersatzkarton kaschiert, rollt in satter, schwarzer Tusche ein Panoptikum an Filmmomenten ab. Als Vorlagen dienten dem Zeichner zeitgenössische Kinoaushangfotos der 1920er und beginnenden 30er Jahre. Im annähernd gleichen Format kopierte er sämtliche Informationen, bis hin zum Verleih-Logo oder einbelichteten Negativ-Nummern. Da sich auf der Rückseite der Blätter abgezeichnete Stempel befinden, die für tatsächliche Filmauswertungsfotos in Gebrauch waren, darf man vermuten, dass diese Skizzen nur deshalb entstehen konnten, weil der Zeichner ein enges Verhältnis zum Verleihbüro der Paramount pflegte. Auch wenn das Alter des Ausführenden nicht gänzlich gesichert ist, scheint es sich hier doch um das Hobby eines Adoleszenten zu handeln. Zahlreiche Varianten zu einzelnen Motiven, teilweise Detailansichten, sowie Bleistiftvorzeichnungen und gelegentliche Kolorierungen lassen ein aufmerksames Vorgehen erkennen. Die elaborierte Ausleuchtung einer Szene aus Murnaus *Faust* (1926) auf Papier zu bannen, ist jedoch kein einfaches Unterfangen. So lag die Wahl der Motive oft schlichtweg auf ihrem spektakulären Schauwert.

Die Vorlagen konnten bisher, was die Filmtitel betrifft, nicht vollständig identifiziert werden. Es ist daher keineswegs ausgeschlossen, dass sich hier zeichnerische Reproduktionen von Motiven finden, die weder als filmisches noch als fotografisches Zeugnis überlebt haben.

R. F. B.

Tom Mix
FOX-FILM

10-170
VIENNA-FILM

HDN44

A-FIRST-NATIONAL-PICT. INC NEW-YORK
The
Seeteufel
MIT
Milton
Sills
„MICCO-FILM-A.-G.

Ben-Hur: A Tale of the Christ
(1925, Fred Niblo)

LUX-FILM
WIEN-VII

UNIVER SAL-PICT. CORP.-Laura la Plante in „Freulein Laura

ÈXPRESS GENEWE- TRYRAM MT. DAVIELO

Schritt für Schritt

ARRI (Arnold und Richter), Schrittkopiermaschine, 1930er Jahre
85 × 32 × 172 cm

Auf den ersten Blick ist dieses Objekt umweht vom Hauch der Meta-Maschinen Jean Tinguelys. Doch es hat eine präzise Funktion.

Neben den beliebten Wochenschauen kommen in den 1910er Jahren immer öfter auch längere Spielfilme in die Kinos, die in der Regel schneller und lebendiger geschnitten sind als die Aktualitäten. Um die Handlung packender und dynamischer zu gestalten, wünschen sich viele Filmschaffende die Möglichkeit, einzelne Szenen besser miteinander verbinden zu können. Filmische Übergänge wie das exakte Ab- und Überblenden lassen sich mit den vorhandenen Mitteln aber nur schwer bewerkstelligen, und so wird ein neues Gerät notwendig: die Schrittkopiermaschine, mit der jedes Negativbild einzeln auf einen zweiten Filmstreifen abfotografiert werden kann.

Mit den gebräuchlichen Kontakt-Kopiermaschinen, in denen das bereits entwickelte Negativ und ein noch unbelichteter Filmstreifen dicht aufeinander liegend an einem erleuchteten Bildfenster vorbei gezogen werden, lassen sich Kopien zwar rasch und einfach herstellen – die neue, etwas zeitaufwändigere Technik des schrittweisen Kopierens eröffnet aber eine Vielzahl an Möglichkeiten. So lässt sich die Belichtung viel genauer und differenzierter steuern; unterschiedliche Szenen können damit in ihrer Helligkeit ideal aufeinander abgestimmt werden. Auch bisher ungesehene Tricks und Effekte sind nun machbar: Zum ersten Mal können mehrere Negative präzise übereinander belichtet und Teile einer Szene genau maskiert werden. So wird es möglich, zwei Spielhandlungen im selben Bild nebeneinander zu zeigen oder die Leinwand mit halbdurchsichtigen Gespenstern zu bevölkern. Szenen lassen sich beliebig anhalten oder beschleunigen, Bildausschnitte vergrößern und Titel in aufwändigen Formen gestalten. Diese Möglichkeiten werden nicht nur den Stummfilm grundlegend verändern, sondern die Filmsprache insgesamt prägen.

August Arnold und Robert Richter beginnen 1917 in München mit dem Bau einer Schrittkopiermaschine. Die beiden 19-jährigen legen damit unwissentlich den Grundstein zum späteren Welterfolg ihrer Firma ARRI. Die ursprünglich recht simple Maschine wird bald so weit verbessert, dass sie Anfang der 1920er Jahre in Serie hergestellt und verkauft werden kann. ARRI wird in Europa zu einem der wichtigsten Produzenten filmtechnischer Geräte. Der Aufstieg der jungen Firma signalisiert auch den Umbruch der Filmbranche in der Zwischenkriegszeit: Das Kino der Enthusiasten und Entrepreneurs wird durch international agierende Konzerne abgelöst. M. R.

»You ain't heard nothin' yet«

Nadeltonplatte zu »Oil's Well« (1929, Walter Lantz)
43 cm Durchmesser

Oktoberrevolution der anderen Art? Am 6. Oktober 1927 wird *The Jazz Singer* in New York uraufgeführt. Während die Bilder auf die Leinwand treffen, hört man Musik und Gesänge sowie – dank des Übermuts von »Larger than life«-Hauptdarsteller Al Jolson – ein wenig improvisierten Dialog. Diese Töne werden nicht live zugespielt, sondern in Form von Schallplattenaufnahmen, sogenannten Nadeltonplatten. Der Film ist eine Sensation, das Kino danach unwiderruflich verändert, und der Stummfilm resigniert über Nacht gegenüber dem »neuen« Tonfilm …

Nein, keine Oktoberrevolution, sondern ein John Ford'sches Märchen: Die Legende wurde gedruckt und setzte sich durch. Tatsächlich war der Tonfilm nichts Neues, als *The Jazz Singer* herauskam. Der erste bekannte Versuch, Bild und Ton zu kombinieren, wurde schon 1894 unternommen, ein Jahr, bevor die Gebrüder Lumière das Kino »erfanden« (erfunden wurde natürlich auch in diesem Fall bloß eine Legende).

Bis in die 1910er Jahre waren »Tonbilder« oft in den Kinoprogrammen zu finden, allein in Deutschland wurden von 1903 bis 1914 fast 1500 »Tonfilme« hergestellt. Bei der Filmaufnahme mimte ein Schauspieler zu einem populären Lied von der Platte. Dieselbe Platte wurde in der Kinoprojektion zugespielt. Selbst Al Jolson wirkte bereits ein Jahr vor *The Jazz Singer* in einem kurzen Tonfilm der Warner Bros. mit: *A Plantation Act* (1926).

Die Filmgeschichte ist geprägt von Machtkämpfen um technische Standardisierung. Bei der industriellen Umstellung von Stumm- auf Tonfilm siegte letztendlich das Lichtton- über das Nadelton-Verfahren. Beim Lichtton kommt es zu einer Art Paradoxon: Der Ton muss Bild werden. Alle Geräusche werden in Form von Schwankungen der Lichtintensität auf dem Bildstreifen registriert und die entsprechenden grafischen Muster bei der Kino-Wiedergabe in Töne rückübersetzt.

Die älteste Nadeltonplatte in der Sammlung des Filmmuseums stammt aus der Zeit um 1900. Andere Platten (wie die abgebildete) gehören zu kurzen Zeichentrickfilmen mit »Oswald the Lucky Rabbit« – einer Proto-Mickey-Maus-Figur, die der erste Star in Walt Disneys Filmfabrik war und danach von anderen Firmen und Zeichnern weitergeführt wurde. Von den 26 Oswald-Cartoons, die Disney zwischen 1927 und 1928 produzierte, ist heute nur mehr etwa die Hälfte vorhanden. Der bislang verloren geglaubte Oswald-Kurzfilm *Africa Before Dark* (1928) konnte im Filmmuseum identifiziert werden und wird demnächst in Zusammenarbeit mit der Walt Disney Company restauriert. O. H.

Kadervergrößerungen aus *Africa Before Dark* (1928, Walt Disney)

Vom Abfall zum Weltkulturerbe

Friedrich Wilhelm Murnau, Outtakes von »Tabu – A Story of the South Seas« (1931)
35mm-Film

Paradise lost – and found: Im Mai 1971 erhielt das Österreichische Filmmuseum von dem Grazer Filmproduzenten Albin Oswalder-Wandegg 92 Dosen mit unterschiedlichen Filmmaterialien. In der Hauptsache waren dies knapp 15.000 Meter »Schnittreste«, besser bekannt unter dem Begriff *Outtakes* (wörtlich: »entfernte Aufnahmen«), also misslungene Einstellungen sowie Bild-Ideen, die der Regisseur bei der Montage des Films schließlich ablehnte. Der Großteil dieser Outtakes bestand aus Kameranegativmaterial und entstammte dem in der Südsee gedrehten amerikanischen Spielfilm *Tabu – A Story of the South Seas*.

Tabu war der letzte Film des deutschen Regisseurs Friedrich Wilhelm Murnau. Eine Woche vor der Uraufführung starb Murnau bei einem Autounfall in Santa Monica. Er wurde nur 42 Jahre alt. Seinen Platz in der Filmgeschichte und seine Position als der »größte Filmregisseur, den die Deutschen gehabt haben« (in den Worten Lotte Eisners), hat er sich aber mit *Nosferatu* (1922), *Der letzte Mann* (1924) und *Sunrise* (1927) gesichert.

Erst in jüngster Zeit haben Outtakes einen gewissen Wert für die Industrie erhalten – z. B. als Bonusmaterial bei der Herausbringung eines berühmten Films auf DVD. Davor erachtete man sie nicht als konservierungswürdig. Deshalb sind nur wenige Outtakes aus der frühen Zeit des Kinos überliefert – und nirgendwo in solcher Menge wie bei *Tabu*. Insofern bildet dieser Bestand nicht nur eines der spannendsten Sammlungsobjekte im Österreichischen Filmmuseum; er stellt auch eine Besonderheit der filmischen Überlieferung dar.

2003 begann das Filmmuseum in Zusammenarbeit mit internationalen Partnern und Experten, die auf Nitrofilm befindlichen Outtakes analog zu sichern sowie zu digitalisieren – und öffentlich zugänglich zu machen. Dieses Projekt fand seinen Abschluss fast zehn Jahre später. Die Materialien dienen nun als Grundstock für eine wissenschaftlich edierte, multimediale Online-Publikation, die seit 2012 auf der Homepage der Deutschen Kinemathek zu sehen ist. Verknüpft mit weiteren Archivquellen, geben die Outtakes somit einen umfassenden visuellen Einblick in die Entstehung des Films und Murnaus künstlerischen Prozess. Enno Patalas, der in der Frühphase an dieser Aufarbeitung beteiligt war, hat mit seinem Buch *Südseebilder* (2005) einen idealen und sehr materialreichen Kommentar zu Murnaus Traum von Tahiti und zur abenteuerlichen Produktion von *Tabu* vorgelegt. O. H.

65 2
FLAHERTY

62E5
FLAHERTY

RETORT No
62BT
FLAHERTY

59 1
FLAHERTY

Magnetismus der Leinwand

Victor Theodor Slama, 2-Bogen-Plakat zu »Rasputin« (1932, Adolf Trotz)
Lithografie, 93 × 185 cm

Victor Theodor Slama (1890–1973) gilt als einer der wichtigsten Vertreter der österreichischen Plakatgestaltung. Das Österreichische Filmmuseum bewahrt ein umfangreiches Konvolut seiner Filmplakate aus den 1920er und 30er Jahren sowie einen durchgehenden Bestand an Originalentwürfen aus den Folgejahren.

Slamas Arbeiten prägten das Wiener Stadtbild wesentlich mit: durch sozialistische Wahlplakate, Produktwerbung und Filmplakate. Zu den prominentesten unter den lokalen Werbeflächen zählten die Litfaßsäulen. Ihr beeindruckendes Format war jedoch aufgrund der starken vertikalen Ausrichtung nicht einfach zu bespielen. Gerade bei Filmplakaten, d. h. bei der Bewerbung eines dezidiert horizontal orientierten Mediums, war besonderes visuelles Gespür gefragt.

Im Fall von *Rasputin* löst Slamas Plakat diese Aufgabe durch eine Dreiviertelansicht des Titelhelden, dargestellt von Conrad Veidt. Die Personalunion zwischen Figur und Schauspieler wird durch die Typografie – das Rot der beiden Namen – zusätzlich verstärkt. Rasputins erhobene Hand verweist auf den von ihm erhobenen, illegitimen Anspruch, während die fehlende Krone durch die Lettern ZAR paraphrasiert wird. Überlebensgroß fixiert er den Betrachter. Im klassischen Spielfilm, auf der Kinoleinwand, stellt dieser »Blick in die Kamera« ein Tabu dar; für ein Filmplakat erweist er sich jedoch – aufgrund seines unmittelbar appellativen Charakters – als sehr effektives Gestaltungsmittel. Die rote Vertikale, die mit ihrem klaren, flächigen Stil das Plakat beherrscht, wird kontrastiert durch eine unüberschaubare Menschenmasse – ein fotolithografisches Meer von Frauenblicken auf Veidt-Rasputin. Zu beiden Seiten scheint sich die Menge über den Bildrand fortzusetzen. Und der Betrachter, der selbst die Litfaßsäule hinaufblickt, wird unmerklich Teil dieser kollektiven Erfahrung. In der durchdachten typografischen Anordnung und dem daraus resultierenden bewegten Spiel zwischen Symmetrie und Diagonalen spiegelt sich auch die moderne Kunstentwicklung dieser Zeit: das *Neue Sehen.*

R. F. B.

CONRAD VEIDT
DER UNGEKRÖNTE ZAR
AUS DEM LEBEN
RASPUTINS
DES APOSTELS
DER WOLLUST
REGIE:
ADOLF TROTZ
EIN GOTTSCHALK FILM
4. MÄRZ
II. BUSCH-KINO
I. KÄRNTNER-KINO
VI. HAYDN-KINO IX. FLIEGER-KINO

Das Kunstwerk im Zeitalter der Road Show Campaign

Werbebuch zu »A Midsummer Night's Dream« (1935, Max Reinhardt und William Dieterle)
53 Seiten spiralisiert, 37 × 50,5 cm

Film ist Ware *and nothing but*. Wer möchte dies bestreiten angesichts der Fülle verwertungsorientierter Elemente, die ein »Campaign book« enthält? Bleibt hier irgendein Aspekt möglicher Gewinnmaximierung unberührt – oder dem Zufall überlassen? Und doch wollen Filme wie der hier beworbene am liebsten nur vermitteln, dass sie Kunst seien, Kunst mit jenem großen K, wie sie seit Anbeginn der Kulturindustrie dem globalen Klein- und Großbürgertum vorgekaut wird. Ein wichtiger Aspekt des dabei verwendeten Kauwerkzeugs ist dessen Fähigkeit, dem Publikum nichts von der eigentlichen Verwertungsprozedur mitzuteilen und nur jene Fragmente sichtbar zu machen, die schon durchzogen sind vom Mythos des Produkts. Für einen K-Film gilt dies in besonderem Maße.

Nur branchenintern war Klartext geboten. Kinobetreiber erhielten den vollen Überblick, wie das zur Verfügung stehende Material am effizientesten eingesetzt werden konnte: Plakate, Sets von Aushangfotos, Werbediapositiv, Matern für die Schaltung von Inseraten in der lokalen Presse und für das kinoeigene Wochen- bzw. Monatsprogramm. Bei Großproduktionen wurde, wie heute noch, die Premiere eigens beworben. Speziell die Kinopaläste der 1930er und 40er Jahre zelebrierten diese Abende als kulturelle Großereignisse.

Das großformatige »Campaign book« für Max Reinhardts (und, de facto, William Dieterles) Shakespeare-Adaption *A Midsummer Night's Dream* beinhaltet die Eckdaten zum Film, vor allem aber eine reiche Übersicht der Werbemittel, die direkt über Warner Bros. bezogen werden konnten, von der thematischen Fassadengestaltung des Kinos bis hin zu Karikaturen. Als Vorstufe zu den Social Networks unserer Tage darf man die Ratschläge zur Werbung in lokalen Geschäften, Schulen und Radiostationen betrachten. Vollständige, fixfertige Artikel für die Presse sollten jeden erdenklichen Aspekt des Films abdecken – von Shakespeare über die aufwändigen Dreharbeiten (6,7 Tonnen Holz für den Studio-Wald!) bis hin zu den Biografien der Schauspieler. Auch Berichte über Mendelssohns Schauspielmusik und ihr Kino-Arrangement (Korngold!) sowie die Choreografie der Balletteinlagen durften nicht fehlen.

Am Höhepunkt des Studiosystems, als zwei, drei Warner-Brüder das ganze Weltkulturerbe unter Vertrag zu nehmen gedachten, war der direkte Draht zur Basis sehr wichtig. Auch der hinterletzte Kinosaal an der staubigen Kreuzung des Cimarron Trail und der Route 66 sollte verkünden, dass Film keine Ware ist, sondern ein Sommernachtstraum.

R. F. B. – A. H.

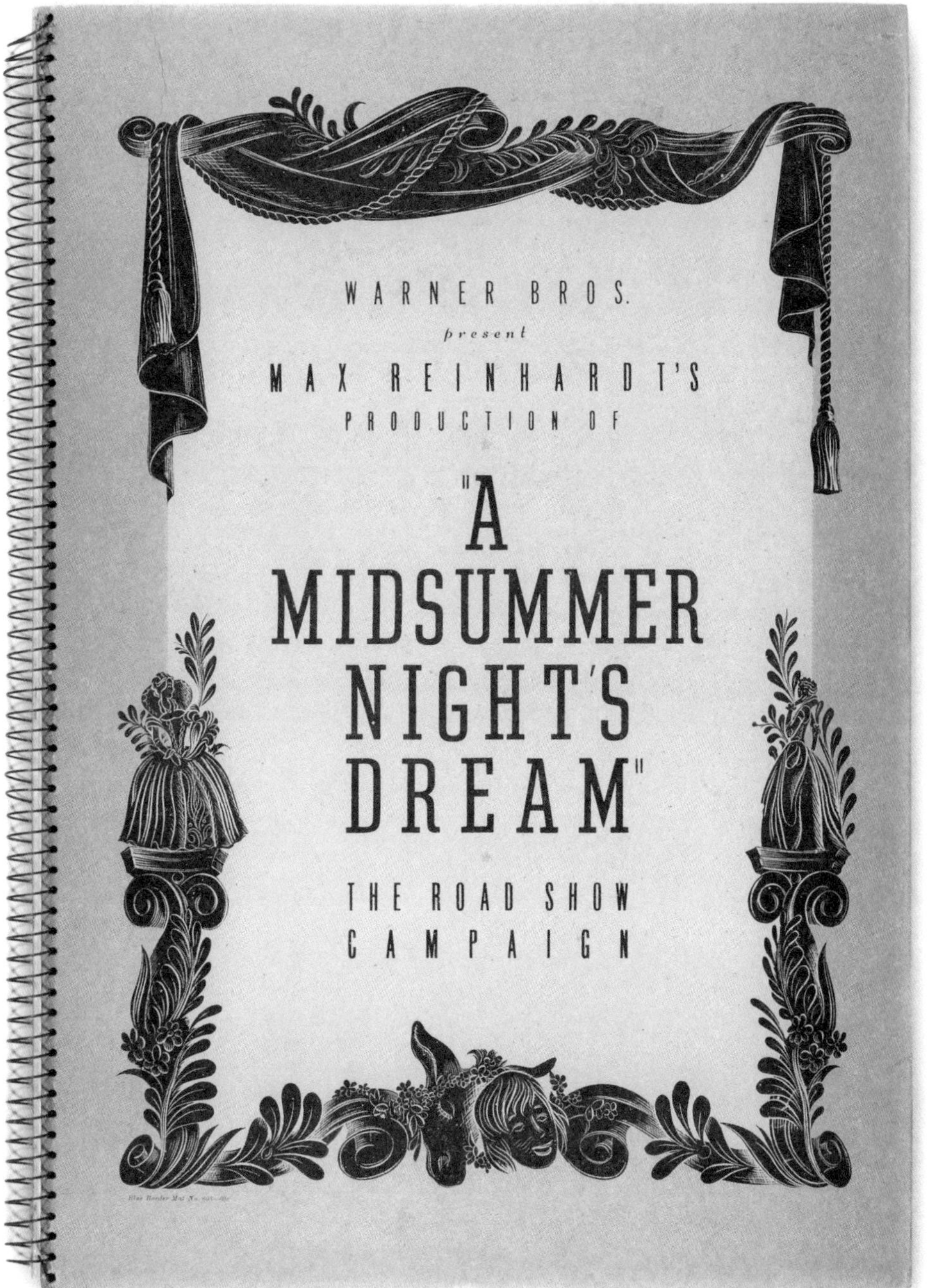
WARNER BROS.
present
MAX REINHARDT'S
PRODUCTION OF
"A MIDSUMMER NIGHT'S DREAM"
THE ROAD SHOW
CAMPAIGN

COMPLETE NEW YORK 'BLOCK' POSTER CAMPAIGN AVAILABLE TO YOU!...

All the 'block' paper used by the N. Y. Hollywood Theatre is available in addition to the pictorial posters illustrated on the two previous pages. Shown here in actual color, they are made in regulation board proportions as well as in shapes and sizes designed for greater attention-value in snipe situations. Supplied with Theatre imprint.

THE PRICES

Including Imprinting of Theatre Name and Date

1-SHEET—Minimum order 50 @ 15c ea.
51 to 100 @ 13c ea.—over 100 @ 11c ea.

2-SHEET—Minimum order 50 @ 30c ea.
51 to 100 @ 26c ea.—over 100 @ 22c ea.

3-SHEET—(REGULAR) — Minimum order 50 @ 40c ea.
Over 50 @ 36c ea.

3-SHEET —(STREAMER)— Minimum order 25 @ 50c ea.
Over 25 @ 45c ea.

8-SHEET—Minimum order 25 @ 90c ea.
Over 25 @ 80c ea.

14-SHEET—(STREAMER)—Minimum order 25 @ $1.50 ea.
Over 25 @ $1.40 ea.

24-SHEET—Minimum order 25 @ $2.00 ea.
Over 25 @ $1.75 ea.

Not sold without theatre imprint. Order blank provided in pocket on inside back cover.

24—SHEET

3—SHEET STREAMER

14—SHEET

1—SHEET

8—SHEET

3—SHEET

2—SHEET

Cinema 15

Amos Vogel, Tagebuch des Amos Vogelbaum, Wien, April 1936
15,5 × 11,5 cm

Kurz nach seinem 15. Geburtstag fängt Amos Vogelbaum aus Wien-Alsergrund an, Tagebuch zu führen. Während der nächsten acht Monate vertraut er sich dem grün eingebundenen, querformatigen Büchlein regelmäßig an. In der Schule langweilt er sich meistens. Nachmittags trifft er sich mit Freunden. Im zionistischen Jugendverein hingegen begegnet er der heiß verehrten Chetwa (»Sie ist eine Sportlerin, gibt sich sehr natürlich, gottseidank modern und emanzipiert – also mein Typ«). Auch seine Kinoerlebnisse dokumentiert er penibel.

Zweifellos hat Amos Vogel – der nach seiner Emigration in die USA den legendären Filmclub Cinema 16 und später das New York Film Festival gründen und zu einem Wegbereiter des unabhängigen Films werden wird – die Leidenschaft fürs Kino schon in Wien gepackt. Und schon damals gelten seine kurzen, prägnanten Beobachtungen vor allem dem Film selbst, dem Seherlebnis; allenfalls Darsteller und Darstellerinnen finden Erwähnung. Die »Negertänzerin« Josephine Baker zum Beispiel oder Stan Laurel & Oliver Hardy, die er Sonntags um 3 im Kino ums Eck (dem Weltbiograph in der Alserbachstraße 33) sieht. Dort läuft *Bonnie Scotland* (1935) unter dem martialischen deutschen Titel *Wir sind vom schottischen Infanterie-Regiment*.

»Sehr hübsch!« notiert Amos. Noch mehr allerdings fasziniert ihn der kurze Vorfilm *Audioscope*, mit dem MGM Werbung für sein brandneues 3-D-Verfahren macht. »Als Beiprogramm ein plastischer Film. Da bekommt jeder Zuschauer eine Brille und ich muß sagen, obwohl noch alles in den Kinderschuhen steckt, war es überaus lustig. Ein Spieler schleuderte einen Ball ins Publikum und man war wirklich sehr erschreckt.«

Den stärksten Eindruck in dieser Kinosaison aber hinterlässt Peter Lorre. »Er spielt – ich kann gar nicht sagen, wie gut«, schreibt Amos nach *Schuld und Sühne* (1935) und nimmt sich Dostojewski umgehend zur Lektüre vor. Erst kürzlich hat er jenen Film gesehen, dem der Schauspieler seine Berühmtheit verdankt: *M* (1931) – »Lorres Leistung grandios, unübertreffbar. Auch Regisseur Fritz Lang fabelhaft. Beide Juden.« Im Sommer 1957 führt Cinema 16 den Film wieder auf; Fritz Lang persönlich hält die Einführung.

Das sogenannte »Tourenbuch« mit seinen rund 140 Seiten ist eine Juvenalie aus Amos Vogels Privatbibliothek, die 2012 vom Österreichischen Filmmuseum gerettet wurde. Eine Monografie über Vogel erscheint Ende 2014 bei FilmmusemSynemaPublikationen. M. O.

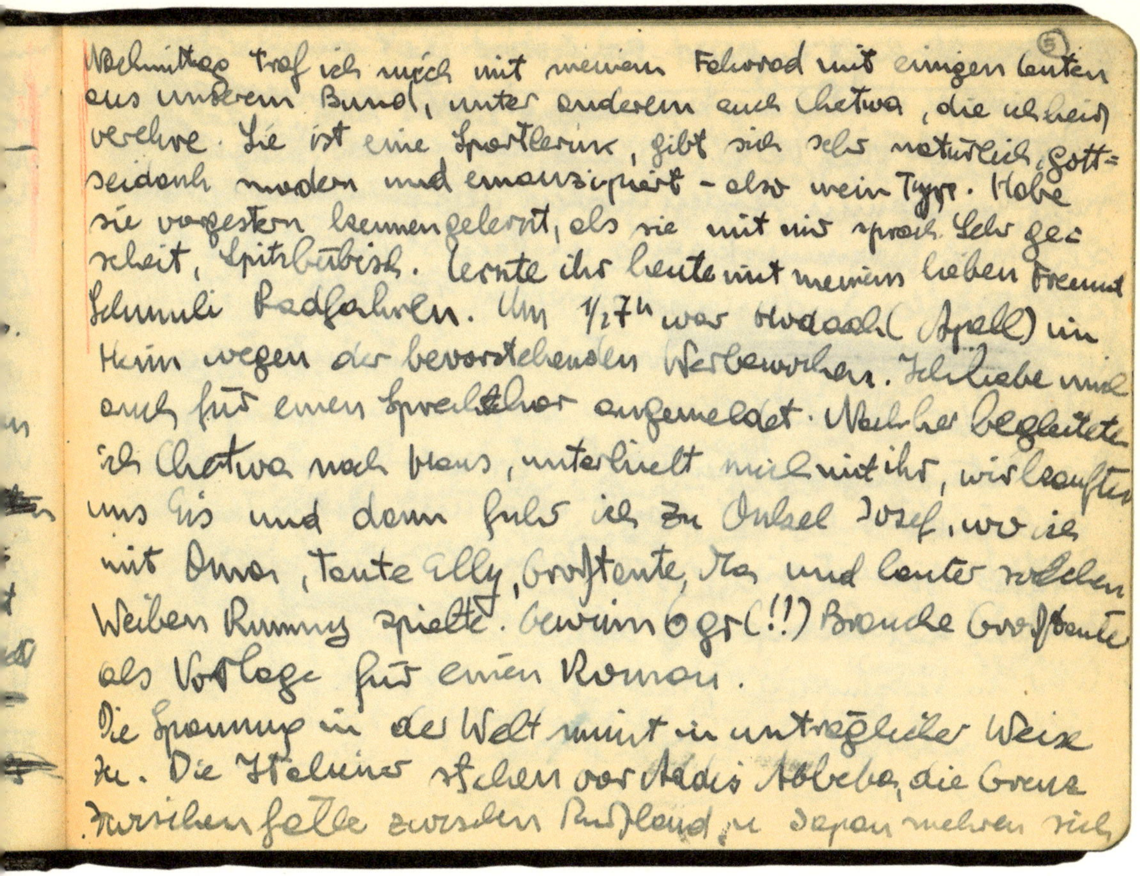

5

Nachmittag traf ich mich mit meinem Fahrrad mit einigen Leuten aus unserem Bund, unter anderem auch Chawa, die ich heiß verehre. Sie ist eine Sportlerin, gibt sich sehr natürlich, gottseidank modern und emanzipiert – also mein Typ. Habe sie vorgestern kennengelernt, als sie mit mir sprach. Sehr gescheit, spitzbübisch. Lernte ihr heute mit meinem lieben Freund Schmuli Radfahren. Um 1/2 7h war Misdar (Apell) im Heim wegen der bevorstehenden Werbewochen. Ich habe mich auch für einen Sprechchor angemeldet. Nachher begleitete ich Chawa nach Haus, unterhielt mich mit ihr, wir kauften uns Eis und dann fuhr ich zu Onkel Josef, wo ich mit Oma, Tante Elly, Großtante, Ida und lauter solchen Weibern Rummy spielte. Gewinn 6 gr (!!) Brauche Großtante als Vorlage für einen Roman.

Die Spannung in der Welt nimmt in unerträglicher Weise zu. Die Italiener stehen vor Addis Abeba, die Grenzzwischenfälle zwischen Rußland u. Japan mehren sich

Li Tey Pe: So sei verflucht der Krieg – verflucht das Werk der Waffen, es hat der Weise nichts – mit ihrem Wehe zu schaffen. Er wird die Waffe – nur als letzte Rettung schwingen, um durch den Tod das Leben zu erzwingen.

---

es innerhalb einer Woche daraufkommt, wenn wir beide verkehren (Hetwa) bekommt er eine Schokolade. Er willigt ein und jetzt sehen wir dazu ihn zu täuschen

Am Abend war ich im Kino, bei „M" (Mörder) mit Peter Lorre – schildert die Taten und den Untergang eines Kindesmörders. Lorres Leistung grandios, unübertreffbar. Auch Regisseur Fritz Lang fabelhaft. Beide Juden.

---

23. April 9–1 Schule 1/2 4–5 h Dolenberg 7 h Heim

Heute, da es Donnerstag ist, erst um 9 h Schule. In Griechisch daran gewesen – sehr gut entsprochen. In Latein ganz überraschender Weise 2 – auf die Schularbeit – In Deutsch

kommt zu uns in die Klasse herauf, schimpft und be-
fielt mir hinunterzugehen – Ich gehe hinunter aber er wird
sich täuschen, wenn er glaubt, daß er mich tyrannisieren
will. Prof Kaiser fragt mich, ob ich das „Vaterland" hier
schon kann – ich, ruhig: Ja. – ein grauer Schuft! (11)
Dann Geographie, Latein, wo bestimmt wird, wer am 1. Mai
zur Vaterland Feier geht – ich melde mich freiwillig.
Nachmittag lernte ich Religion, dann wurde in Religion
geprüft, aber nicht ich. Dafür will er mit uns über Darwinis-
mus diskutieren

Am Abend im Kino, bei der Negertänzerin
Josephine Baker – ausgezeichnet und sehr temperament-
voll. Sonst ist der Film dumm.
In Spanien hat die soziel. Partei ein Communique heraus-
gegeben, indem es heißt: Wir wollen einen soz. Staat.
Wir können und werden ihn hier nur auf dem Weg

Am Rande des Programms

»Illustrierter Film-Kurier«, Nr. 1902, Filmprogramm zu »Ewiger Wald« (1936, Hans Springer und Rolf von Sonjewski-Jamrowski) Beklebtes und handschriftlich datiertes Exemplar (11. März 1938)

Als die Brüder Lumière am 28. Dezember 1895 in Paris die erste öffentliche Filmvorführung veranstalteten, erhielt das zahlende Publikum einen gedruckten Flugzettel mit der Auflistung der gezeigten Filme. Das Kinosaalprogramm war geboren – es deklariert die Titel der Filme, den Namen des Veranstalters, Ort, Adresse und Zeit der Vorführung. Von dieser Struktur werden sich die Kinosaalprogramme nicht mehr entfernen. Ab circa 1910 erscheinen die ersten Programme, die einzelnen Filmen gewidmet sind. Solch monothematische Publikationen sind als Filmprogramme bekannt. Sie unterscheiden sich von den Kinosaalprogrammen, die – an einen Ort gebunden – fixe geografische oder zeitliche Koordinaten besitzen. Kinosaalprogramme beschreiben das Hier und Jetzt des Geschehens; die Information des Filmprogramms hingegen entkoppelt sich vom Vorführort und bindet sich an das Celluloid: Filmkopien wandern.

Das Filmmuseum besitzt zahlreiche Serien von Programmen, die von der Stummfilmära bis heute erschienen sind.

Die Zuschauer kauften die Filmprogramme als Souvenir eines erlebten Moments. Das Filmprogramm soll dem optisch(-akustisch)en Erlebnis ein gedrucktes Gedächtnis beistellen; es ist der Beweis vergangener Freizeit. Manche Kinobesucher annotierten die Programme, machten Anmerkungen zu Ort, Datum oder Wetterverhältnissen. Sie schrieben Beurteilungen oder gaben Namen der Freunde preis, mit denen sie den Abend geteilt hatten. Diese Glossen, Randbemerkungen verwandeln ein Massenprodukt in etwas Spezifisches. Von Kuratoren und Sammlern werden beschriftete Exemplare üblicherweise als zweite Wahl betrachtet und aussortiert. Ihr dokumentarischer Wert jedoch ist enorm, weshalb sie im Filmmuseum besondere Beachtung finden.

Im Frühjahr 1938 kaufte jemand in Wien das Filmprogramm zu *Ewiger Wald*, einem Werk, das hinter seiner Dokumentarfilmfassade eine – wie ein zeitgenössischer österreichischer Filmkritiker erkannte – eindeutige, nämlich »völkische Tendenz« hatte. Auf das Cover ist ein kleines, rund gezeichnetes Emblem mit rotem Rand und schwarzem Hakenkreuz geklebt. Daneben wurde händisch das Datum *11. III. 1938* eingetragen. Am Abend dieses Tages hörte man im Radio die Abschiedsrede Kurt Schuschniggs, die mit den Worten endete: »Gott schütze Österreich«. Vor dem Einmarsch deutscher Truppen in Österreich waren in den Wiener Kinos die Bastionen schon gefallen.

P. C.

Illustrierter
Film-Kurier
Nr. 1902
Ewiger
Wald

Illustrierter
Film-Kurier
Nr. 1902
11. III. 1938
Ewiger
Wald

Face Value

Robert Lasquin, Star-Plakat »Michel Simon«, 1935
Lithografie, 78 × 118,5 cm

Selten aber doch kam es vor, dass Plakate nicht für einen bestimmten Film warben, sondern ausschließlich für einzelne Stars und Darsteller/innen. Schon aus den frühen 10er Jahren des 20. Jahrhunderts, nicht lang nach den Anfängen der Kinematografie, sind derartige Beispiele bekannt. Auf dem Programm standen nun mehr und mehr auch längere Spielfilme, und ihre Hauptdarsteller/innen gewannen an Präsenz.

Individuelle Star-Plakate lassen sich etwa für die Protagonist/inn/en der damals populären Serials belegen – vor allem in Frankreich, Italien und im amerikanischen Raum, zum Beispiel für Musidora (Louis Feuillades *Les Vampires,* 1915). Auch Komiker des frühen Films wie Max Linder, Charles Chaplin und Buster Keaton sowie deren weibliche Pendants in Serien-Rollen wie *Léontine* (der Name der Schauspielerin ist bis heute unbekannt) oder *Rosalie* (gespielt von Sarah Duhamel) zierten als leicht wiedererkennbare Charaktere Plakate und Inserate.

Das vorliegende Exemplar stammt aus späterer Zeit und porträtiert den französischen Schauspieler Michel Simon. Sein Haupt leuchtet wie in einer Doppelbelichtung sowohl *en face* als auch im Profil aus dem nachtblauen Dunkel hervor: eine gelungene Umsetzung von Art déco, bei der auch eine gewisse feine Ironie des Starkults durchscheint.

In Hollywood, wo das Starsystem am intensivsten kultiviert wurde, konnten die einzelnen Studios während der klassischen Ära begehrte Gesichter durch Exklusivverträge an sich binden. Die jeweilige Studio-Affiliation eines Stars war damals durchaus präsent und in der Vermarktung sichtbar. Jeder sollte wissen, dass Greta Garbo ein MGM-Star war, dass Marlene Dietrich für Paramount vor der Kamera stand und dass Charles Chaplin als Mitbegründer der United Artists in eben diesem Studio beheimatet war. In diese Typologie von Plakaten reiht sich das Glamour-Sujet von Rita Hayworth aus den 1940er Jahren (kleineres Bild) vorzüglich ein. Es wurde vom deutschen Grafiker Kurt Glombig gestaltet – und die Columbia Pictures warben damit nicht nur für ihren bekanntesten Star, sondern auch gleich für sich selbst.

R. F. B.

ROBERT
LASQUIN
MICHEL SIMON

RITA HAYWORTH

Vulgar modernism: Frühstück im Grünen

Lobbycard zu »Brigadoon« (1954, Vincente Minnelli)
25,5 × 20,3 cm

Man merkt sofort: Hier geht es nicht mit rechten Dingen zu. Von Metro-Goldwyn-Mayer als Lobbycard – also als Aushangfoto für Kinoschaukästen – eingesetzt, haftet diesem Film Still etwas Seltsames an. Eine zeitliche und räumliche Desorientierung. Hyperrealismus, allerdings in den schönen Farben von Ansco Color. Es ist noch einige Jahre hin bis zu Pop Art und Fotorealismus. Aber das amerikanische Kino der 1940er und 50er Jahre hat dafür wesentliche Vorarbeit geleistet, egal ob wissentlich oder nicht: Es ist ein *Vulgar modernism*, wie J. Hoberman diese Hollywoodkunstrichtung genannt hat, und sie ist geprägt von Namen und Labels wie Tashlin & Lewis, *Looney Tunes*, MGM oder Techni- und Ansco Color.

Die Kulisse suggeriert ein Außen, wo innen ist. Die Protagonisten – starr, wie von Zauberhand gebannt. Die Ausleuchtung treibt das Artifizielle noch auf die Spitze. Hier zwitschert kein Vogel und fällt auch kein Blatt mehr vom Baum. Dieses Idyll bereitet Unbehagen. Ein *Déjeuner sur l'herbe*, nur ohne den Skandal. Denn Cyd Charisse ist nicht nackt, nein: sie trägt bezauberndes Gelb.

»Als sich der Morgennebel über dem schottischen Hochland lichtet, erscheint plötzlich das alte Städtchen Brigadoon …«, so die Einleitung in den »Werbetipps« der deutschen Presse- und Werbeabteilung der Metro-Goldwyn-Mayer-Filmgesellschaft aus dem Jahr 1954. Allerdings: Brigadoon, das ist mitnichten nur ein idyllisches Nest im schottischen Hochland. Brigadoon ist Zeitmaschine, Sehnsuchtsort, Liebeszauber. Ein »Sesam-öffne-Dich«, welches in hundert Jahren nur einmal für einen Tag erscheint. Und wie jede Epiphanie: selten, kostbar, unvermittelt.

Brigadoon steht für das Verlangen, weit über die eigene Lebensspanne hinaus, in den Tiefen von Zeit und Raum zu wandern. Anders jedoch als Gene Kelly, den die Liebe aus dem New York der 50er Jahre ins Schottland des 19. Jahrhunderts katapultiert – und zwar rettungslos –, kehren wir, wenn im Kinosaal das Licht wieder angeht, für gewöhnlich unversehrt zurück. *Brigadoon* ist nicht ungefährlich, auch wenn mich die »Werbetipps« anderes glauben machen wollen: »Der hinreißende Zauber des schottischen Hochlands – eine Welt der Träume wird Wirklichkeit in diesem klangvollen farbenprächtigen Tanzfilm«, so ein Schlagzeilen-Vorschlag von MGM. Da halte ich mich lieber an die Lobbycard. Rätselhaft kommt sie der Wahrheit weit näher.

C. B.

Werbebroschüre mit nützlichen Ratschlägen für Kinobesitzer zur Vermarktung von *Brigadoon*

Eine Frage der Körperbeherrschung

Chuck Jones, »What's up Vienna«, 1983
Zeichnung, Filzstift auf Karton, 100 × 70 cm

»Bugs is an aspiration. Daffy is a realization. You know that Daffy is within you and, if allowed to get loose, you would be just like Daffy. But with Bugs… you hope to be like that.«

Anlässlich seines Wien-Besuchs im Jahr 1983 gab der große Animationsfilmmacher Chuck Jones eine »Masterclass« im Österreichischen Filmmuseum, die auch auf Video dokumentiert wurde. Auf einer im Saal aufgestellten Staffelei demonstrierte er anhand von Entwicklungszeichnungen die Entstehung von Charakteren wie Bugs Bunny, Road Runner, Wile E. Coyote und weiteren Klassikern der *Looney Tunes*. Die Cartoons der Warner Bros, wo Jones fast seine gesamte Karriere verbrachte, zählen zu den bedeutendsten und einflussreichsten Elementen der amerikanischen Populärkultur in den Jahrzehnten nach 1945.

Den Auftakt machte er mit einer »simplen« Antwort auf die Frage, wie man einen gelungenen Bugs Bunny aufs Papier zaubert: »Just draw a carrot.« Er pausierte, wandte sich ans Publikum und setzte fort: »And now wrap a rabbit around it!«

Jones gab tiefe Einblicke in die Materie des Cartoon-Zeichnens und verwies auf die Wichtigkeit der Physiognomie jeder neu geschaffenen Figur, da die Art und Weise der Fortbewegung dadurch ein für alle Mal definiert werde. Er brachte sein Verhältnis zu »role models« wie Buster Keaton oder den Marx Brothers zur Sprache und thematisierte die Rolle der Musik für die Wirkung eines Gags. Und er erzählte, dass in den 1960er Jahren 4000 bis 5000 Einzelzeichnungen notwendig waren, um knapp sechs Minuten »screen time« zu generieren. Ein geübter Professional schaffte etwa 15 Sekunden pro Woche. Jones bekundete seine Skepsis gegenüber der damals (1983) aufkommenden Computeranimation: Sie basiere auf einem Algorithmus, der der nuancierten Individualität eines Bewegungsvorgangs nicht gerecht werden könne – jedenfalls zum damaligen Zeitpunkt nicht.

Die Eleganz seiner Weiterentwicklungen der Bugs-Bunny-Figur habe er sich, so Jones, von Edgar Degas abgeschaut: Das Stand- und Spielbein der Ballerinas, ihre Körperbeherrschung, sei in den Charakter von Bugs eingeflossen und sollte dessen Selbstbewusstsein reflektieren. Es verwundert daher nicht, dass sich Chuck Jones von Peter Konlechner auch einen Besuch in der dem Filmmuseum benachbarten *Graphischen Sammlung Albertina* erbat. Voller Ehrfurcht ließ er sich 50 Radierungen und Originalzeichnungen von Rembrandt ausheben. Ein Alter Meister begegnete einem Neuen. R. F. B.

Chuck Jones bei seinem Filmmuseum-Besuch 1983 (mit Peter Konlechner)

Die Schwerkraft des Erfolgs *oder* Wie viel wiegt *Sissi*?

Ernst Marischka, Scrapbook, 1955–1960, zu seinem Film »Sissi« (1955)
35,5 × 9 × 40,5 cm

Acht Kilo sind nicht wenig für einen Band. Acht Kilo sind zu viel für einen Band, der dem Mythos von Elisabeth von Österreich huldigt: einer Kaiserin, die ihr Leben lang darum kämpfte, ihr Gewicht unter Kontrolle zu halten. Acht Kilo wiegt ein Album, das im Österreichischen Filmmuseum aufbewahrt wird, gefüllt mit Unterlagen über die erfolgreiche Serie, die Regisseur Ernst Marischka der österreichischen Kaiserin gewidmet hat.

Ein Scrapbook ist eine Art Fotoalbum mit künstlerisch gestalteten Seiten, in das auch andere zweidimensionale Erinnerungsstücke eingeklebt sind. Scrapbooks dokumentieren nicht nur, wie die meisten Fotoalben, die private Seite eines bestimmten Lebensabschnitts, sie versammeln auch Belege für das öffentliche Echo, das der eigenen Tätigkeit zuteil wurde. Das vorliegende Exemplar verewigt die Erfolgsgeschichte der *Sissi*-Verfilmung von 1955: Auf dunklem Untergrund werden die verschiedenen Zeitungsartikel, Kritiken, Einladungskarten, Werbeinserate und Fotos rund um die Vermarktung dieses sensationellen Kinoschlagers zur Geltung gebracht.

Das Aufkleben von Zeitungsausschnitten, um sie zu ordnen, ist eine Praxis der Moderne, die fast zur gleichen Zeit wie das Kino entstand. Erste große Agenturen, die gezielt Zeitungsartikel sammelten, wurden in den letzten Dekaden des 19. Jahrhunderts gegründet. Die allererste im Jahr 1879, das war die Pariser »Argus de la Presse«. Obwohl die *Sissi*-Alben gewiss auf Marischkas Wunsch hergestellt wurden, womöglich sogar von ihm selbst, waren auch professionelle »Ausschnittbüros« in diese Arbeit mit einbezogen.

Der Schneider, der die Ausschnitte auswählt oder verwirft, wird zum Autor oder Regisseur. Seine Aktivität ist aber auch der des Kurators verwandt. Das Ordnen und Kleben und die Scrapbook-Dramaturgie verwandeln die Ausschnitte in etwas Neues: in Dokumente. Die notorische Flüchtigkeit des Mediums Zeitung wird hier bewusst, mit nicht geringem Energieaufwand, verlangsamt.

Das Filmmuseum bewahrt weitere Bände dieser Art, ebenso wie eine rund 20.000 Dossiers umfassende Dokumentationssammlung, in der sich wiederum tausende gesammelte Zeitungsausschnitte befinden. Das Werkzeug, mit dem solche sehenswerten Meisterwerke einst geschaffen wurden, bleibt freilich verbannt: die Schere. Im Archiv existiert keine Zensur. Denn nichts ist zeitloser und interessanter als der Zeitungsausschnitt von gestern. P. C.

MITTEILUNGEN
ÖSTERREICHISCHEN GESELLSCHAFT FÜR FILMWISSENSCHAFT UND FILMWIRTSCHAFT
Neue Zürcher Zeitung
DAS FESTLICHE OSTERPROGRAMM DER GROSSKINOS
CAPITOL BASEL
ORIENT ZÜRICH
SISSI
SCALA ST. GALLEN
GOTTHARD BERN
ROMY SCHNEIDER
KARLHEINZ BÖHM

Sissys Liebesfreud
Heute im Theater am Gärtnerplatz:
„Sissy“ in der Urfassung

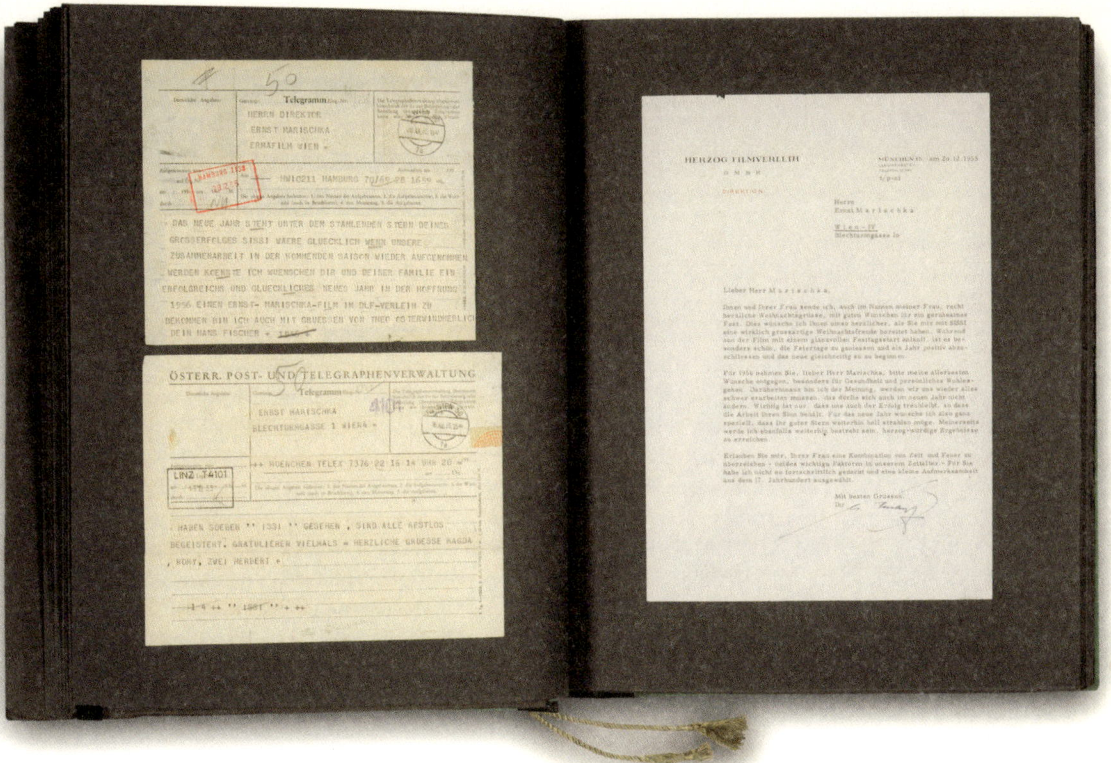
Telegramm
HERRN DIREKTOR
ERNST MARISCHKA
ERMAFILM WIEN +
HW10211 HAMBURG 70/69 28 1659
DAS NEUE JAHR STEHT UNTER DEM STAHLENDEN STERN DEINES
GROSSERFOLGES SISSI WAERE GLUECKLICH WENN UNSERE
ZUSAMMENARBEIT IN DER KOMMENDEN SAISON WIEDER AUFGENOMMEN
WERDEN KOENNTE ICH WUENSCHEN DIR UND DEINER FAMILIE EIN
ERFOLGREICHS UND GLUECKLICHES NEUES JAHR IN DER HOFFNUNG
1956 EINEN ERNST- MARISCHKA-FILM IM DLF-VERLEIH ZU
BEKOMMEN BIN ICH AUCH MIT GRUESSEN VON THEO OSTERWINDHERLICH
DEIN HANS FISCHER +
ÖSTERR. POST- UND TELEGRAPHENVERWALTUNG
Telegramm
ERNST MARISCHKA
BLECHTURMGASSE 1 WIEN4 +
++ MUENCHEN TELEX 7376 22 15 14 UHR 20
LINZ T4101
HABEN SOEBEN '' SSSI '' GESEHEN , SIND ALLE RESTLOS
BEGEISTERT. GRATULIEREN VIELMALS = HERZLICHE GRUESSE MAGDA
, ROMY, ZWEI HERBERT +
HERZOG FILMVERLEIH
G M B H
DIREKTION
am 20.12.1955
Herrn
Ernst M a r i s c h k a
W i e n - IV
Blechturmgasse 1b
Lieber Herr M a r i s c h k a,
Mit besten Grüssen,
Ihr

Momente des Glücks

Helmut Färber, »Sōshun / Früher Frühling. Über den Anfang des Films (Einstellungen 1 bis 47)«, 2006
Buchedition in limitierter Auflage, München: Eigenverlag

Sich einem filmischen Werk angemessen zu nähern, ist keine einfache Sache. Vor allem dann, wenn sich das betreffende Werk allem Pompösen verweigert. Die Aufmerksamkeit für sogenannte Kleinigkeiten, die Sorgfalt in der Beobachtung der gewöhnlichen Menschen, die das Kinogenre der *shomin-geki* bevölkern, die langsame und doch bestimmte Auffaltung ihrer Geschichten – all das wird in den Filmen von Ozu Yasujirō zur Perfektion gebracht.

Helmut Färber hat laut Selbstbeschreibung 1958 eine Buchdrucker-Gehilfenprüfung abgelegt, jahrzehntelang über Film geschrieben, u. a. für die Zeitschrift *Filmkritik*, an Filmhochschulen in München und Berlin unterrichtet, immer wieder Beiträge fürs Fernsehen verfasst und zahlreiche Filmbücher publiziert, viele davon im Eigenverlag. In seinem Würdigungsband zu Ozus *Sōshun (Früher Frühling*, 1956) nähert er sich den ersten 47 Einstellungen des Films.

Öffnet man die aus braunem Karton gefertigte (Archiv-)Schachtel, die als Schutzhülle und Gesamt-Cover der einzelnen Publikationsteile fungiert, kommt man ins Staunen. Fadengeheftet, auf schönem Papier und mit enormer Liebe zum Detail werden hier die besagten 47 Einstellungen, angeordnet in drei Sequenzen, mittels Bild und Text vorgestellt. Rund um diese Szenen spinnt der Autor ein dicht gewobenes Netz von Informationen. Die Texttafeln und einzelnen Fotos, die jeweils als aufklappbare Mäppchen gefaltet sind, gewinnen dazu ein Spannungsverhältnis. Färbers handgezeichnete Grundrisse vom gebauten Filmset, gesehen aus der Perspektive der Kamera, seine kommentierte Bibliografie und Verweise auf empfohlene Filmkritiken zu *Sōshun* adressieren den produktions- und rezeptionsgeschichtlichen Hintergrund. Der Blick wird geschärft und gleichzeitig auf das Wesentliche gerichtet, nicht unähnlich einer archäologischen Grabung. Die Fokussierung zielt nicht nur auf den besprochenen Film: Sie gilt auch dem Regisseur und seinem gesamten Werk.

Die Genauigkeit in Helmut Färbers Denken und Tun und sein singulärer Stil als Schreiber (vom kleinsten Detail ausgehend stets das Ganze mit-bedenkend) verdichten den reichen Schatz an Überlegungen zu *Früher Frühling* und vermeiden alle Hermetik. Niemand soll hier ausgeschlossen bleiben. Wer sich die Zeit nimmt und mit dem Autor eintaucht in das Ozu-Universum, kann Momente des Glücks erleben. E. S.

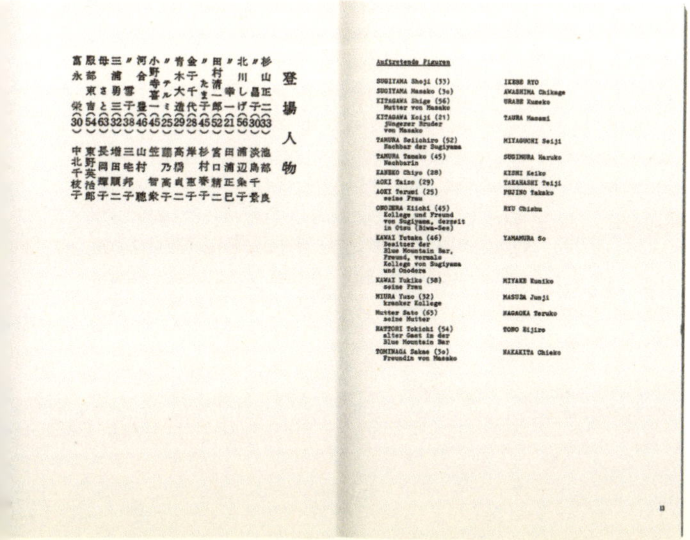

登場人物

役	俳優
杉山正二（33）	池部良
〃昌子（30）	淡島千景
北川しげ（56）	浦辺粂子
〃幸一（21）	田浦正巳
田村清一郎（52）	宮口精二
〃たま子（45）	杉村春子
金子千代（28）	岸恵子
青木大造（29）	高橋貞二
〃テルミ（25）	藤乃高子
小野寺喜一（45）	笠智衆
河合豊（46）	山村聡
〃雪子（38）	三宅邦子
三浦勇三（32）	増田順二
母さと（63）	長岡輝子
服部東吉（54）	東野英治郎
富永栄（30）	中北千枝子

Auftretende Figuren

SUGIYAMA Shoji (33)	IKEBE Ryo
SUGIYAMA Masako (3o)	AWASHIMA Chikage
KITAGAWA Shige (56) Mutter von Masako	URABE Kumeko
KITAGAWA Koiji (21) jüngerer Bruder von Masako	TAURA Masami
TAMURA Seiichiro (52) Nachbar der Sugiyama	MIYAGUCHI Seiji
TAMURA Tamako (45) Nachbarin	SUGIMURA Haruko
KANEKO Chiyo (28)	KISHI Keiko
AOKI Taizo (29)	TAKAHASHI Teiji
AOKI Terumi (25) seine Frau	FUJINO Takako
ONODERA Kiichi (45) Kollege und Freund von Sugiyama, derzeit in Otsu (Biwa-See)	RYU Chishu
KAWAI Yutaka (46) Besitzer der Blue Mountain Bar, Freund, vormals Kollege von Sugiyama und Onodera	YAMAMURA So
KAWAI Yukiko (38) seine Frau	MIYAKE Kuniko
MIURA Yuzo (32) kranker Kollege	MASUDA Junji
Mutter Sato (63) seine Mutter	NAGAOKA Teruko
HATTORI Tokichi (54) alter Gast in der Blue Mountain Bar	TONO Eijiro
TOMINAGA Sakae (3o) Freundin von Masako	NAKAKITA Chieko

13

Ein Koffer voller Träume

Meopta Almo 2034 Normal-8-Betrachter, ca. 1956
43 × 19 × 16 cm

Kino ist ein mobiler Prozess. Am Anfang waren die Wanderkinos – und die Mogule der amerikanischen Filmindustrie: Einwanderer, die ihr ganzes Dasein in einem Koffer mit sich führten. Diese Grunddisposition zeigt sich besonders deutlich im Kino der Amateure: Sie stecken ihre Filme, Projektoren und Werkzeuge in Koffer, die dann später oft jahrzehntelang irgendwo liegen. Eine vielsagende Lösung: Koffer, die nicht mehr auf Reisen gehen, werden ihrer eigentlichen Funktion beraubt und zum wenig beachteten Mobiliar. Ihr Versprechen, die Verdichtung ganzer Lebenswelten oder eines großen technologischen Zusammenhangs auf das bewegliche Kleinformat, bleibt freilich erhalten – im Koffermöbel steckt jede Menge potentielle Energie.

Diese Art der Aufbewahrung hat einiges gemein mit den Experimenten der Avantgarde, vor allem mit der *Boîte-en-valise* (1938–41) von Marcel Duchamp: Er versammelte darin sein Schaffen in kleinformatiger, »schmalfilmartiger« Form; in einem transportablen Koffer-Museum. Auch die tschechoslowakische Firma Meopta schuf einen Koffer und packte fast die ganze Welt der Filmamateure hinein. In der hölzernen Schatulle war alles vorhanden, um einen Film zu schneiden, zu bearbeiten und fertigzustellen.

Der geöffnete Koffer ist in zwei Bereiche geteilt. Im Deckel befindet sich ein Szenen-Sortierer mit 36 quadratischen Fächern, in die lose gerollte 8mm-Filmstreifen gelegt werden können. Darüber ist ein Blechgitter befestigt, das sich seitlich um eine halbe Fachbreite verschieben lässt und die Filmstreifen vor dem Herausfallen schützt, wenn der Deckel geschlossen wird. Im vorderen Teil befinden sich die Werkzeuge des Filmmachers: eine Umspuleinrichtung, eine Filmbahn mit Lampenhaus und rechts davon eine kombinierte Schneide-, Hobel- und Klebelade mit Nassklebepresse. Dazu noch: ein Zählwerk, das die Filmstreifen in Metern und Minuten zu messen vermag, sechs Zusatzfächer zur Szenen-Sortierung, Netzkabel und -trafo (in einer Vertiefung) sowie eine Mattscheibe aus Glas zur Betrachtung des projizierten Filmbilds.

The Magic Box. So hieß 1951 ein britischer Film über den Filmpionier William Friese-Greene und dessen tragisches Scheitern an der Realität des Patentgeschäfts. Die Firma Meopta beschritt einen erfolgreicheren Weg: »Meopta is a global manufacturer of precision optics and creates innovative, total solutions for the consumer, industrial and military markets.« (www.meopta.com, 2014). P. C. – F. W.

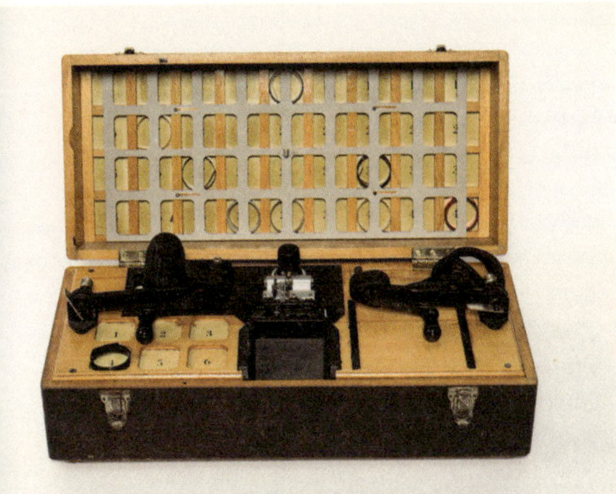

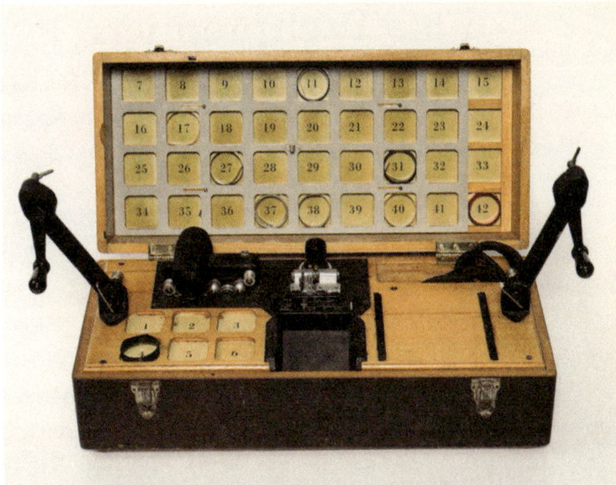

Eine Weltpremiere

Gertie Fröhlich, Premiereneinladung zu Peter Kubelkas Film »Arnulf Rainer« (1960)
Gedrucktes Billet (14,8 × 10,5 cm) mit hektografiertem Einlageblatt (21 × 27,9 cm)

Eine der Säulen in der Sammlungs-, Präsentations- und Dokumentationspolitik des Österreichischen Filmmuseums ist das unabhängige, nichtindustrielle Kino, im Besonderen der Avantgardefilm. Das Werk eines der beiden Gründungsdirektoren, Peter Kubelka, bildet diesbezüglich keine Ausnahme.

Neben Kubelkas filmischen Arbeiten finden sich im Filmmuseum Tondokumente und Schriftgut, Videoaufzeichnungen seiner Vorträge und unterschiedliche Fernsehfilme über seine Aktivitäten. Dank der mehrjährigen Recherchen der Filmemacherin Martina Kudláček im Zuge ihres Porträtfilms *Fragments of Kubelka* (2012) verzeichnete die Kubelka-Sammlung seit 2008 große Zuwächse. So konnte Kudláček etwa das umfangreichste Tonarchiv zu Peter Kubelkas zahlreichen Vorträgen rund um den Globus zusammentragen.

Die abgebildete Einladungskarte zur Weltpremiere von *Arnulf Rainer* am 31. Mai 1960 im Filmstudio Kirchengasse ist ein weiteres Kubelka-Dokument, das kürzlich erworben wurde. Es dokumentiert die Uraufführung seines dritten metrischen Films (nach *Adebar*, 1957, und *Schwechater*, 1958). *Arnulf Rainer* ist ausschließlich aus »Weiß« (Licht) und »Schwarz« (Dunkel) sowie Stille und Weißem Rauschen gefügt. Obwohl bei der Aufführung zahlreiche Künstlerkollegen – Architekten (Laurids Ortner, Friedrich Kurrent), Maler (Anton Lehmden, Kurt Moldovan, Hermann Nitsch), Dichter (Gerhard Rühm) und Filmmacher (Kurt Kren) – sowie bekannte Intellektuelle (Friedrich Heer, Alfred Schmeller) zugegen waren, blieb der unmittelbare Erfolg aus. Neben dem im Titel verewigten Maler Arnulf Rainer, der den Film »sehr gefasst« aufnahm, blieben nur etwa ein Dutzend Personen bis zum Ende des knapp 7-minütigen Films, so Peter Kubelkas Erinnerung in einem Gespräch am 13. Dezember 2013.

Die internationale Aufführung, Ende 1963 im Rahmen des von Jacques Ledoux organisierten Experimentalfilmfestivals im belgischen Knokke-le-Zoute (der Film lief »außer Wettbewerb«), ermöglichte es wichtigen Vertretern des New American Cinema wie Stan Brakhage, Kenneth Anger und Jonas Mekas, *Arnulf Rainer* zu sehen. Aus dieser Begegnung entstanden nicht nur einige lebenslange Freundschaften, auch Kubelkas Karriere in den USA und die starken Verbindungen zwischen dem 1964 gegründeten Filmmuseum und der nordamerikanischen Filmavantgarde wurden damals in hohem Maß vorgezeichnet. R. F. B.

4 FILME VON PETER KUBELKA
Mosaik im Vertrauen
Schwechater
Adebar
Arnulf Rainer

Peter Kubelka gibt sich die Ehre,
zur Premiere des Filmes "Arnulf Rainer"
am Dienstag, den 31. Mai 196o um 2o Uhr,
im Filmstudio, Kirchengasse 23 (Ecke Siebensterngasse)
einzuladen.

"Arnulf Rainer"

Auftrag: Arnulf Rainer
Herstellung: Peter Kubelka
Produktion: Dr. Rudolf Malik
Bild: Froschberg, Linz
Ton: Rit, Stockholm
Kopie: Listo

Peter Kubelka vor seinem Film *Arnulf Rainer*, ca. 1975

Starre Projektionen im Tempel der bewegten Bilder

Sprechstreifen mit Dias, 1950–1970
35mm (Film) und 8,5 × 8,5 cm (Dias)

Der Erfolg des Films trug viel dazu bei, dass prä-kinematographische Medien in Vergessenheit gerieten, zum Beispiel die Laterna Magica oder der Guckkasten. Und dennoch: Im Tempel der lebenden Bilder haben spezielle Formen der statischen Projektion lange Zeit überlebt. Die »Sprechstreifen« sind solch eine Form: Projiziert wurde ein bemaltes oder bedrucktes Glasdia, begleitet von schwarzem, fünf bis zehn Meter langem 35mm-Film. Auf dem Film war nur die Tonspur verzeichnet; erst in Verbindung mit dem Dia entstand das Bild-Ton-Ereignis. Das Bild des Films musste vollkommen schwarz sein, um zu verhindern, dass das Licht des Filmprojektors die projizierten Dias bestrahlte und ihr Bild verblassen ließ. Der Sprechstreifen-Film entsagt also gleich zwei Grundeigenschaften des Mediums, der Durchsichtigkeit des Bildträgers und der Fähigkeit, eine visuelle Bewegungsillusion herzustellen. Der Sprechstreifen wird gegen seine »Natur« eingesetzt und damit zu einer Art Negation von Film.

Auch der Verzicht auf die Synchronität von Lichtton und Filmbild bedeutete einen technischen Rückschritt. De facto findet hier *gar keine* Synchronisierung statt. Sie ist nur fingiert. Auch was den Produktionsablauf betrifft, existiert keine physisch-mechanische Koppelung zwischen Dia und Filmstreifen – die Aufzeichnung des Tons und die Herstellung des Bilds stehen weder örtlich noch zeitlich in Relation. Erst durch den Akt eines Vorführers, der zwei separate Maschinen bedient, verschmelzen die Elemente zur gewünschten »Fiktion«.

Die Sprechstreifen wurden ausschließlich für Zwecke der Kinowerbung verwendet. Besonders beliebt waren sie bei kleinen Betrieben wie etwa Tankstellen, Blumenläden, Modegeschäften oder Restaurants. Innerhalb der technologischen Entwicklung des Kinematografen stellen sie eine Laune der Industrie dar, einen Scherz der Natur. Und doch gibt es einen Grund für ihre Existenz: Sie waren die ökonomisch günstigste und technisch simpelste Lösung, um Kinowerbebilder mit Ton zu unterlegen. Und wie so oft in diesen Fällen berühren sie sich, was ihre schöne Einfachheit betrifft, mit Bestrebungen, die von der ganz anderen Seite kommen: jenen der Avantgarde.

Egal ob *Kussröschen* oder *Florida Gold:* Ihr undurchsichtiges Wesen und ihre (in perversem Puls) schlagende Logik geben den Sprechstreifen jene Würde, die sich bei obsoleten Apparaturen und Prozeduren des Öfteren zeigt – sie werden nahezu ununterscheidbar von ihren visionären Geschwistern. P. C.

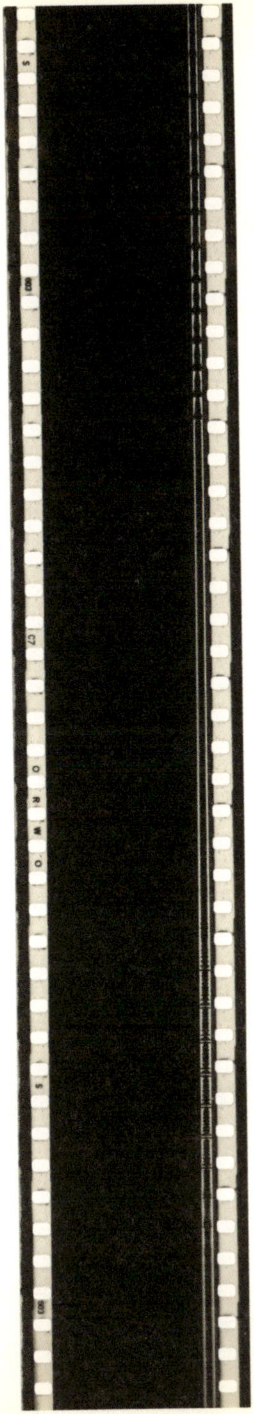

Geschwärzter Filmstreifen, Format: 35mm, mit Tonspur für die Vertonung von Werbedias

Glimpses of Beauty

Mappe »New American Cinema«, Unterlagen und Dokumente, 1962–1998

Unter dem Schlagwort »New American Cinema« bewahrt die Schriftgutsammlung ein Konvolut, das 600 Einzelobjekte umfasst: Kinoprogramme, Press releases, Werbeflyer, Vereinsstatuten, Briefe … – allesamt aus dem Umfeld der *New American Cinema Group* bzw. der Institutionen, die sich aus ihr herausbildeten: *Film-Makers' Cooperative*, *Filmmakers Cinematheque* und *Anthology Film Archives*. Was sich hier abzeichnet, ist die fragmentarische Geschichte einer Filmbewegung. Auch österreichische Künstler – Abraham, Kubelka, Nitsch oder Weibel – sind mit ihren US-Aktivitäten dokumentiert: Die Präsenz dieses Konvoluts im Filmmuseum bezeugt die jahrzehntelange Beziehung zweier spezifischer Avantgarde-Netzwerke quer über den Atlantik.

Die ephemeren Objekte, die ihre ursprüngliche Funktion längst erfüllt haben (sei es die Bewerbung einer Kinovorstellung, die Benachrichtigung von Vereinsmitgliedern oder die Presseaussendung zu einer Lecture-Reihe), stehen heute anderen – historischen, ästhetischen, poetischen – Perspektiven frei zur Verfügung. Mekas' Brief vom 3. Februar 1967 etwa lässt sich als schlichte Nachricht an »Friends + Everybody« verstehen: Ein Vorsitzender kommuniziert den Mitgliedern die neuen Telefonzeiten und Erreichbarkeiten. Zugleich schlummert darin die Realität einer Kunstinstitution im Spätkapitalismus – eines kooperativ organisierten Filmverleihs, der einen seiner Mitbegründer so sehr vereinnahmt, dass er keine Zeit mehr für das eigene künstlerische Schaffen hat. Und schließlich ist es ein Dokument, dessen Zeichnungen und händische Anmerkungen so wie Mekas' Filme einen ganz bestimmten Humor und schwebende Leichtigkeit vermitteln – das Bedürfnis, *glimpses of beauty* mit anderen zu teilen.

Die Nachträglichkeit der Betrachtung lädt manche Schriftstücke zusätzlich auf: Das, was sie mit faktenschaffender Energie ankündigten und heute scheinbar »bezeugen« (Spielort, Datum und Inhalt stehen ja offenbar fest), hält dem Realitätstest nicht immer stand: Das *Denkmal für die alte Welt*, »which he has been working on for the past eight years«, wurde von Peter Kubelka vor der MOMA-Premiere zurückgezogen und durch *Pause!* ersetzt. Und am 7. Dezember 1963 sagte der Manager des Tivoli Theatre auf Druck des New Yorker *Bureau of Licences* das *Flaming Creatures*-Screening kurz vor Beginn ab. Die geplante Preisverleihung wurde spontan nach draußen verlegt: Jonas Mekas machte die Dächer der vor dem Kino parkenden Autos zur Bühne und überreichte Jack Smith den Independent Film Award 1963. A. B.

Flaming Creatures (1963, Jack Smith),
Flyer zum Film, Format: 29 × 22,9 cm

To Friends & Everybody:

During last five years I have, practically, lost my private and my creative life. I have been completely pulled away from my own work as an artist. My life has been consumed by the Underground Empire. At this point, in my life, I face two choices: either I pick up my own creative work or youl'l have to pick me up and put me away. Since I have my own apprehénsions about being locked up, I have worked out for myself, for these coming months, a very strict schedule which will allow me to regain my own lost life — unless this is already a sign of a total insanity. Anyway, I have to ask you to put up with me, at this stage of my insanity, and forgive me that I will be quite difficult to reach, these coming months. Of course, you are perfectly welcome to make bets how long I'll be able to keep this schedule.

8:00 get up
8:30 - 9:30 correspondence
9:30 - 10:30 meetings, appointments (preferably, in MY neighborhood)
10:30- 12:00 my film work
12:00- 1:00 "church" "meal" a short stop at the Coop ; buy a Flower
1:00 - 3:00 film work
3:00 - 4:00 Film Culture work
4:00 - 6:00 my writing work
6:00 -8:30 meetings, appointments, anything for "Others," "meal", C'teque
8:30 - 9:30 "church" (by which I mean: doing nothing; walks thru the city; even, reading)
9:30 - 12:00 my film work
12:00 closing the day

SUNDAYS no rules will be followed

TELEPHONES will be answered ONLY DURING the following hours:
9:00 -9:30 AM
3:30 -4:00 PM
9:00 -9:30 PM

SPECIAL note to the COOP, CINEMATHEQUE, CENTER:
appointments for me or meetings in which I have to participate can be made only during the following hours:
9:30 -10:30 AM
6:00 -8:30 PM

READ THIS TWICE

The above Iron Rules become effective as of NOW, February 3rd,1967

Jonas

The Museum of Modern Art
11 West 53 Street, New York, N.Y. 10019 Tel. 956-6100 Cable: Modernart

NO. 1
FOR IMMEDIATE RELEASE

PROMINENT AVANT-GARDE FILMMAKER GIVES COURSE AT MUSEUM

As the second in its "Looking at Film" series of film courses, the Department of Film of The Museum of Modern Art will present Peter Kubelka, the avant-garde filmmaker, in an eight-lecture program entitled "The Essence of Cinema." Scheduled from January 15 through January 30, Mr. Kubelka's program will consist of a thorough analysis of his own completed works, five in all, which will be screened during the lecture series, as well as other films which are important examples from the American Independent Film Movement. The series will culminate on January 30 with the world premiere of Mr. Kubelka's newest film "Monument for the Old World," which he has been working on for the past eight years.

Universally regarded as one of the most gifted and innovative figures in the Independent Film Movement, Mr. Kubelka is co-founder and co-director of the Austrian Film Museum. Recently he organized the inaugural film program "Une Histoire du Cinéma" for the Centre National d'Art et de Culture Georges Pompidou in Paris. He has lectured on film throughout Europe and at more then thirty American universities. In New York, Mr. Kubelka is on the Film Selection Committee for the Anthology Film Archives.

This course is open to all interested members of the public, with or without previous education in film, at a cost of ten dollars for the entire lecture series. The public can register by mail in advance, or at the Museum's Lobby Information Desk the night of the lecture.

"Looking at Film" is made possible by a grant from the National Endowment for the Humanities as a Learning Museum Program.

January 1977

Additional information available from Michael Boodro, Assistant, or Lillian Gerard, Special Projects Coordinator, Department of Public Information, The Museum of Modern Art, 11 W. 53 St., New York, NY 10019. Tel. 956-7504; 7296

A kind of perfection and nobility

Gregory J. Markopoulos, Brief an das Österreichische Filmmuseum mit aufgeklebtem Filmstreifen, 12.9.1967

Bei diesem Schriftstück handelt es sich um den ersten Brief von Gregory J. Markopoulos an das Österreichische Filmmuseum sowie, auf dem Beilageblatt, um das Dokument eines ebenso bedeutenden Künstlers, das früheste, das sich von ihm im Filmmuseum erhalten hat. Auf dem kleinen Streifen, gefilmt von Robert Beavers, ist Markopoulos porträtiert. Ab September 1967 langten hunderte weitere Briefe und Postkarten ein. Wie sich auch im 2. Band dieser Publikation nachlesen lässt, war der Austausch zwischen den beiden Filmmachern und dem Museum überaus intensiv, und er ist es, mit Beavers, in unvermindertem Maße seit Markopoulos' Tod am 12. November 1992.

Viele Leserinnen und Leser werden den Brief als selbsterklärend empfinden. Er ist einfach gehalten und spricht neben den persönlichen viele allgemeine Aspekte an. Zum Beispiel, dass Leben und Filmen, wenn man zweiteres ernst nimmt, nicht leicht getrennt werden können. Sogar das Porträt des Künstlers für Zwecke der »Publicité« soll kein Foto sein, sondern ein Filmkader. Es geht um die exakte Beschreibung von Technik als einer Ästhetik *(Bliss)*. Um die Rolle des Geldes und jene der Kuratoren. Um die nichtverbündete Filmindustrie und um die Idee eines Publikums (»students«, »enthusiasts«). Um den Klang der Namen einiger sehr alter Orte (»Roma«, nicht »Rome«) und um die Konkretheit der Orte selbst, die für unabhängige, nomadische Filmmacher ein Lebenselixier ist. Vor allem im Beilageblatt geht es um Freundschaft und Zuneigung unter den Vereinzelten.

Wäre die Wissenschaft vom Film – verstanden nicht nur als Ware, sondern als individuelles Ausdrucksmittel – eine Disziplin wie die Kunstgeschichte, mit großem Teilnehmerkreis und einer Selbstverständlichkeit, was die kommentierende Überlieferung des Geleisteten anlangt, man könnte ein Buch schreiben nur über diesen Brief. Und brächten jene, die sich für das große menschliche Kulturerbe zuständig halten, dem Film auch nur halb so viel Respekt und Hunger entgegen, wie sie es bei Dingen aus Elfenbein, Silber und Gold tun, dann würde man dieses Buch sogar mit dem Bewusstsein beginnen, dass es einen Sinn, eine Zukunft haben kann. Das Buch würde nur von diesem Brief handeln – davon, was er in kargen Andeutungen alles erzählt oder kompakt auf den Punkt bringt: die Bedingungen, die Realität einer der faszinierendsten Hochkulturen der Neuzeit. Einer Hochkultur namens *Unabhängiger Film*, die heute fast schon so fern ist wie jene der Maya im präkolumbianischen Mesoamerika.

A. H.

12th of September, 1967
Roma

Mr. Peter Konlechner, Director
Oesterreiches Filmmuseum
Augustrinerstrasse 1,
1010 Wein
Austria

Dear Mr. Konlechner:

This after our conversation by phone. Enclosed the authorization to have MING GREEN printed at cost, and for your permanent collection; from which no copies, etc., may be made without my permission.

The BLISS film I shall bring with me. BLISS was shot in August 1967 on the island of Hydra. It was filmed in the Church of St. John The Baptist. Two rolls were shot. All the editing is done in the camera. I used a Bolex camera and two lenses: 10mm., and two inch. The bit of sound was added in Roma, as was the print made there. BLISS is dedicated to Alice Burkhardt of Chicago, Illinois. Your showing will be its premier.

Enclosed is a cut of myself which I thought you might have enlarged for any publicite. It was taken by R.B. in the Piazza Navona, August 1967, Roma.

Any publicité or articles I would appreciate your sending me at your convenience for my files.

I have never been to Vienna and I look forward to visiting; perhaps, it would be possible to speak in an exchange with film students or enthusiasts; is a lecture fee ever available for this sort of thing? Maybe other parts of Europe? (In Roma it is impossible. Filmmaking here is on a very low and commercial level.)

Warmest regards,

Sincerely yours,

Gregory J. Markopoulos
c/o American Express
Roma, Italia

P.S. I am applying for a Guggenheim Grant in a few weeks, might I be able to use your name as a recommendation?

NOTE: ENCLOSED A DIFFERENT CLIP THAN THE ONE MENTIONED IN MY LETTER - THE CUT IS FROM THE MAJOR WORK OF THE YOUNG FILMMAKER, ROBERT BEAVERS. THE WORK HAS NO NAME, BUT I AM THE PROTAGONIST OF IT. IT WAS SHOT IN GREECE BY MR. BEAVERS THIS PAST SUMMER.

BIOGRAPHICAL: MR. BEAVERS IS ONE OF THE YOUNGEST FILMMAKERS OF THE NEW CINEMA. HE IS EIGHTEEN YEARS OLD. LAST YEAR WHEN HE WAS SEVENTEEN HE SHOT HIS FIRST FILM IN COLOUR, ENTITLED: SPIRACLE. THERE IS A PRINT AVAILABLE, I BELIEVE IN NEW YORK IN COLOUR, SILENT.

A PRINT WITH SOUND WOULD COST $200. I AM CERTAIN MR. BEAVERS WOULD BE VERY HAPPY IF YOU WISHED TO BUY A PRINT AT COST: THIS FOR YOUR COLLECTION. HE MAY BE REACHED CARE OF: AMERICAN EXPRESS, ROMA, ITALIA.

THE EXTRAORDINARY THING ABOUT MR. BEAVERS IS THAT HE HAS HAD NO OTHER FORMAL FILM TRAINING OTHER THAN PICKING UP A BLOEX REFLEX CAMERA AND SETTING TO WORK. ALL HIS WORK IS DONE IN THE CAMERA. AND THOUGH VERY YOUNG HE SHOWS A KIND OF PERFECTION AND NOBILITY SELDOMEN SEEN IN THE NEW CINEMA: OR IN ANY OTHER CINEMA FOR THAT MATTER.

PRESENTLY HE IS WORKING NOT ONLY ON THE EDITING OF HIS NEW WORK, BUT ALSO, ON THE USE OF GEVART COLOUR: FILMING ALONG THE TIBER RIVER, AND ALSO, THE TREES OF THE VILLA BORGHESE.

MARKOPOULOS
ROMA, 18th of September, 1967

P.S. He has never been shown, to this date, by anyone!

Schattenfakten und Parallelgeschichten

Anthony Asquith, Probeaufnahmen mit Oskar Werner als Papst, 1967, für »The Shoes of the Fisherman« (1968, Michael Anderson) 16mm-Film (anamorphotisch)

Probeaufnahmen oder *screen tests* sind Filmaufnahmen, die in der Vorproduktion eines Spielfilms gemacht werden, um anstehende Besetzungsentscheidungen auf eine möglichst konkrete Basis zu stellen, d. h. zwischen möglichen Darsteller/inne/n einer Rolle vergleichen zu können. Auch in anderen Departments (Kostüme, Make-up usw.) sind solche Testaufnahmen üblich und vielfach überliefert.

Diese ephemeren Filme haben den Charakter von Skizzen. Sie dokumentieren Momente neben dem (oder auch *gegen* den) mehr oder weniger berühmten Film, zu dem sie gehören. Das Illusionskino nützt in diesen Fällen das filmische Werkzeug so, wie es sonst andere Gattungen tun. Ähnlich dem wissenschaftlichen Film wird das »Objekt Schauspieler« hier von Kamera und Mikrofon beobachtet und in seinem Verhalten analysiert. Und so wie manche Filme der Avantgarde legen diese Teststreifen offen, wie die Traumfabrik ihre eigene Wirklichkeit konstruiert. Sie sind aufgespannt zwischen Dokument und Fiktion.

Auch ihre Obsoleszenz ist ihnen eingeschrieben: Nach der praktischen Anwendung verlieren sie ihre Funktion. Historikerinnen und Archivare halten solche Zeugnisse jedoch gerne in Händen. Sie evozieren eine geschichtliche Situation, die sich auch anders entwickeln hätte können, als es in den Chroniken – als »Faktum« – verzeichnet ist. Mehr noch: Filme dieser Art führen die alternative Geschichte sogar im Ansatz aus und etablieren so jene plastischen »Schattenfakten« oder utopisch aufgeladenen Parallelerzählungen, die für ein modernes Geschichtsbild sehr wichtig sind.

In der bekannten MGM-Produktion *The Shoes of the Fisherman* spielt Anthony Quinn den aus sowjetischer Gefangenschaft entlassenen Erzbischof Kyrill Lakota, der zum neuen Papst gewählt wird. Oskar Werner tritt in der Rolle des Jesuitenpaters David Telemond auf, eines zweifelnden, aber gläubigen Kirchenkritikers, der den Glauben Lakotas konterkariert. Der ursprüngliche Regisseur des Films, Anthony Asquith (nach dessen Tod übernahm Michael Anderson die Regie), hatte Oskar Werner aber auch für die Rolle des Kyrill Lakota in Betracht gezogen – und diese Möglichkeit mittels *screen tests* näher untersucht. Die im Filmmuseum überlieferten Probeaufnahmen enthalten jeweils mehrere Takes zweier Szenen, von der Totalen bis zur Großaufnahme. Zumindest die zweite Szene ist eindeutig zuordenbar: Werner im päpstlichen Ornat spielt und spricht die Rolle, die wir heute mit Anthony Quinn identifizieren.

R. SCHM.

Hier und Jetzt

Morgan Fisher, »Screening Room« (1968/2012)
16mm-Film

Die Dose mit der Signatur 1-09-0458 enthält einen Film, der wie jeder andere ist und dem doch kein anderer gleicht. *Screening Room* ist ein konzeptueller Film aus dem Jahr 1968 und wurde seither in 13 verschiedenen »States« realisiert. Wie der Titel zu Beginn erläutert, darf der »State« des Österreichischen Filmmuseums nur an diesem Ort gezeigt werden. Auch jeder andere »State« ist an einen spezifischen (Kino-) Ort gebunden.

Die Naht zwischen Film und Ort ergibt sich nicht allein aus der Schrifttafel. Alles, was folgt, steht in einem indexikalischen Verhältnis zum Österreichischen Filmmuseum. Wir sehen eine 5-minütige Plansequenz, die den subjektiven Blick eines Besuchers repräsentiert – seinen oder ihren Anmarsch über die Augustinerstraße, durch die Passagen der Hofburg, vorbei an der Filmbar, ins Foyer einbiegend, hinein ins »Unsichtbare Kino« und Platz nehmend gegenüber der vom Projektorlicht erleuchteten Leinwand.

In einer für Morgan Fisher typischen möbiusschen Gedankenschleife nimmt das Konzept *Screening Room* dem Medium Film eine seiner zentralen Eigenschaften, um eine andere hervorzuheben. Fisher entzieht der Filmkopie das »Recht«, überall auf der Welt gezeigt zu werden – und fokussiert auf etwas, das als Momentum jeder noch so »illusionistischen« Filmvorführung innewohnt: Eine Projektion ist eine Realität und damit ein einzigartiges Ereignis. Genau dies erkennt der Betrachter, wenn die Filmvorführerin Fishers mitgelieferte Anweisung befolgt: dass die Lampe des Projektors nach dem Durchlaufen der Kopie (die kein Endband enthält) noch weitere 20 Sekunden weißes Licht auf die Leinwand werfen soll. Das filmische Abbild der angestrahlten Leinwand, deren Weiß am Ende von *Screening Room* den kompletten Kader füllt, geht also über in die filmlos angestrahlte Leinwand selbst: dieselbe Leinwand, die gerade im Film zu sehen war. Aus dem virtuellen Bild wird eine materielle Gegebenheit. Ohne Unterbrechung und ohne die Richtung zu ändern, kippt im Vektor unseres Blicks vergangenes Geschehen in ein Hier und Jetzt.

Die Dose 1-09-0458 erzählt einiges über alle anderen Dosen in der Sammlung des Filmmuseums. In ihnen befinden sich schlafende Objekte. Man kann sie herausnehmen, angreifen und sogar kopieren. Aber damit sie werden, was ihre Bezeichnung verspricht (z. B. »Morgan Fishers *Screening Room*«), müssen sie aufwachen und eintreten in jenen Ereignisraum, der sie zu einer neuen, konkreten, nicht reproduzierbaren Erfahrung macht.

A. B.

Screening Room
State for the Austrian Film Museum
Vienna, Austria
This state may be shown only in this screening room. For any other location a corresponding state must be prepared. No state of this film may be shown on television. The recording of this film by any means is prohibited.

Punkt 9 *oder* Was tun?

Jean-Luc Godard, »Que faire?«, 1970
Autograph des Manifests, Filzstift auf Papier, 21 × 27 cm

Wie so viele Objekte lässt sich auch dieses aus zahlreichen Richtungen anschauen – und wirft immer andere Bilder zurück, führt auf verschiedene historische Wege.

Einer geht nach Wien. Es war die Zeit, als auch hier Filmmanifeste verfasst wurden. Bei Peter Weibel war der Punkt erreicht, an dem die fortgesetzte Herstellung von Kunst angesichts der gesellschaftlichen Umstände nicht mehr akzeptabel erschien. »Was tun?« Gottfried Schlemmer sagt dazu im 2. Band dieser Publikation: »[Weibel] hat mir … einen Text zum Abdruck gegeben, dessen Quintessenz für ihn das Ende seiner künstlerischen Praxis bedeutet hätte, daher forderte er das Manuskript zurück. Währenddessen ich die Konsequenz daraus gezogen habe, dass jegliche künstlerische Tätigkeit affirmativen Charakter hat.«

Ein anderer Weg geht nach Russland. Jean-Luc Godard und Jean-Pierre Gorin hatten 1968 die *Groupe Dziga Vertov* gegründet. Sie bestand bis 1972 und brachte neun Filme hervor. Die Unterschiede zwischen dieser und der von Peter Konlechner und Peter Kubelka kurz davor gestarteten Vertov-Renaissance könnten nicht größer sein, zumindest nach bisherigem Forschungsstand. G & G bezogen sich auf das Politisch-Kämpferische bei Vertov, K & K erkannten die Sprengkraft der Form, Vertovs neue filmische Wahrnehmung der Welt – auf der Leinwand.

Ein dritter Weg geht nach London, via Thailand. Godards Manuskript wurde dem Filmmuseum von Simon Field übergeben, der heute die Filme von Apichatpong Weerasethakul produziert und in allen Facetten betreut. In diesem Kontext wurde aus einer guten Bekanntschaft eine enge Freundschaft. Field schenkte uns auch ein Set des von ihm und Peter Sainsbury herausgegebenen Londoner Periodikums *Afterimage* (13 Ausgaben zwischen 1970 und 1987). Die erste Nummer hatte ein Motto, *film and politics*, und enthielt auf zwei Druckseiten Godards Manifest. Es war ein Originalbeitrag, verfasst auf Einladung von Field und Sainsbury, als Godard für den Film *British Sounds* (1970) in England weilte. »What is to be done?« ist datiert mit Jänner 1970 und beginnt in der englischen Übersetzung so: »1. We must make political films. 2. We must make films politically. 3. 1 und 2 are antagonistic to each other and belong to two opposing conceptions of the world.«

In der Druckversion sind es 39 Abschnitte, im Autograph auf den ersten Blick 40. Nicht Zensur durch die jungen Engländer ist der Grund für diese Differenz, sondern Godards Entscheidung bei der Niederschrift, Punkt 9 zu überspringen.

A. H.

Que faire ?

(1) Il faut faire des films politiques.

(2) Il faut faire *politiquement* des films.

(3) 1 et 2 sont antagonistes, et appartiennent à deux conceptions du monde opposées.

(4) 1 appartient à la conception idéaliste et métaphysique du monde.

(5) 2 appartient à la conception marxiste et dialectique du monde.

(6) Le marxisme lutte contre l'idéalisme, et la dialectique contre la métaphysique.

(7) Cette lutte, c'est la lutte de l'ancien et du nouveau, la lutte des idées nouvelle et des anciennes.

(9) L'existence sociale des hommes détermine leurs pensées.

(10) La lutte de l'ancien et du nouveau, c'est la lutte des classes

(11) Faire 1, c'est rester un être de classe bourgeois.

(12) Faire 2, c'est prendre une position de classe prolétarienne.

(13) Faire 1, c'est faire des descriptions de situations.

(14) Faire 2, c'est faire une analyse concrète d'une situation concrète.

(15) Faire 1, c'est faire <u>British Sounds</u>

(16) Faire 2, c'est lutter pour que <u>British Sounds</u> passe à la télévision anglaise.

(17) Faire 1, c'est comprendre les lois du monde objectif pour expliquer le monde.

(18) Faire 2, c'est comprendre les lois du monde objectif pour transformer activement le monde.

(19) Faire 1, c'est décrire la misère du monde.

(20) Faire 2, c'est montrer le peuple en lutte.

(21) Faire 2, c'est détruire 1 avec les armes de la critique et de l'auto-critique.

(22) Faire 1, c'est donner une vue complètes des événements au nom de la vérité en soi.

(23) Faire 2, c'est de ne pas fabriquer des images du monde trop complètes au nom de la vérité relative.

(24) Faire 1, c'est dire comment sont les choses vraies. (Brecht)

(25) Faire 2, c'est dire comment sont vraiment les choses. (Brecht)

(26) Faire 2, c'est faire le montage du film avant le tournage, le faire pendant le tournage, et le faire après le tournage. (Dziga-Vertov)

(27) Faire 1, c'est diffuser un film avant de le produire.

(28) Faire 2, c'est produire un film avant de le diffuser, apprendre à le produire suivant le principe : c'est la production qui commande à la diffusion, c'est la politique qui commande à l'économie.

(29) Faire 1, c'est filmer des étudiants qui ~~[illegible]~~ écrivent : unité - étudiants - travailleurs

(30) Faire 2, c'est savoir que l'unité est une lutte de contraires (Lénine), ~~[illegible]~~ savoir que deux est dans un.

(31) Faire 2, c'est étudier les contradictions entre les classes avec des images et des sons.

(32) Faire 2, c'est étudier les contradictions entre les rapports de production et les forces productives.

(33) Faire 2, c'est oser savoir où l'on est, et d'où l'on vient, ~~[illegible]~~ connaître sa place dans le procès de production pour ensuite en changer

(34) Faire 2, c'est connaître l'histoire des luttes révolutionnaires et être déterminé par elles.

(35) Faire 2, c'est produire la connaissance scientifique des luttes révolutionnaires et de leur histoire

(36) Faire 2, c'est savoir que faire des films est une activité secondaire, une petite vis de la révolution.

(37) Faire 2, c'est se servir des images et des sons comme [illegible] les dents et les lèvres pour mordre.

(38) Faire 1, c'est seulement ouvrir les yeux et les oreilles.

(39) Faire 2, c'est lire les rapports de la camarade Kiang-Tsing.

(40) Faire 2, c'est militer.

Die Revolution hat viele Farben

»Cine Cubano«, Filmzeitschrift, 1960–1980

Enough with the quoting
Put those words into action
And we mean action now
Now is the moment
Now is the moment
Come on, we've put it off long enough
(»Now!«, 1965)

Lena Horne sang zornig und Santiago Álvarez montierte rasant die Bilder zu diesem Protestsong. Geschult an den unterschiedlichen Erzählformen und Montagetechniken der russischen Revolutionsfilmer Lev Kulešov, Dziga Vertov und Sergej Eisenstein, produzierte Álvarez zu diesem Zeitpunkt bereits seit mehreren Jahren eine filmische Wochenschau für den lateinamerikanischen Raum. Álvarez war mit Alfredo Guevara und Julio García Espinosa einer der Begründer des *Instituto Cubano del Arte e Industria Cinematográficos* (ICAIC) gewesen, das ab 1959, dem Jahr der Revolution, eine künstlerische Hochblüte in Kuba einleitete. Bereits im Folgejahr erschien die erste Nummer der Zeitschrift *Cine Cubano*.

Mit ihren detaillierten Berichten über das kubanische und lateinamerikanische Filmschaffen und ihrer außerordentlich originellen, oft ironisch-satirischen Covergestaltung zählt *Cine Cubano* zu den aufregendsten der über 400 internationalen Filmzeitschriften, die in der Bibliothek des Filmmuseums vorliegen. Auf dem Cover von Heft 81–83, im April 1973, fällt beispielsweise Superman vor einem knallgelben Hintergrund den Flammen der Revolution zum Opfer, und auf dem Titelblatt von Heft 93 im Juli 1977 erhebt sich ein Roter Stern aus psychedelischem Durcheinander stolz in den blauen Himmel.

Verantwortlich für diesen Look sind Antonio Fernández Reboiro, der – oftmals auf Basis der Motive seiner Filmplakate – die außergewöhnlichen Titelblätter entwirft, und Holbein López, der das Innenleben der Zeitschrift grafisch gestaltet. Die beiden prägen das Aussehen von *Cine Cubano* über viele Jahre und verleihen der Zeitschrift ein unverwechselbares Gesicht. Die Cover – und Back cover – sind auch deshalb eine auffällige Ausnahme im gängigen Magazin-Design, weil sie sich ausschließlich auf die Kraft von Bildern verlassen. Sie illustrieren damit die Forderung Lena Hornes, Worte und Gedanken *Jetzt!* in Taten umzusetzen. Dies war und ist das Leitmotiv unzähliger kubanischer Künstler/innen von 1960 bis heute.

E. S. – G. A.-S.

Juli 1970

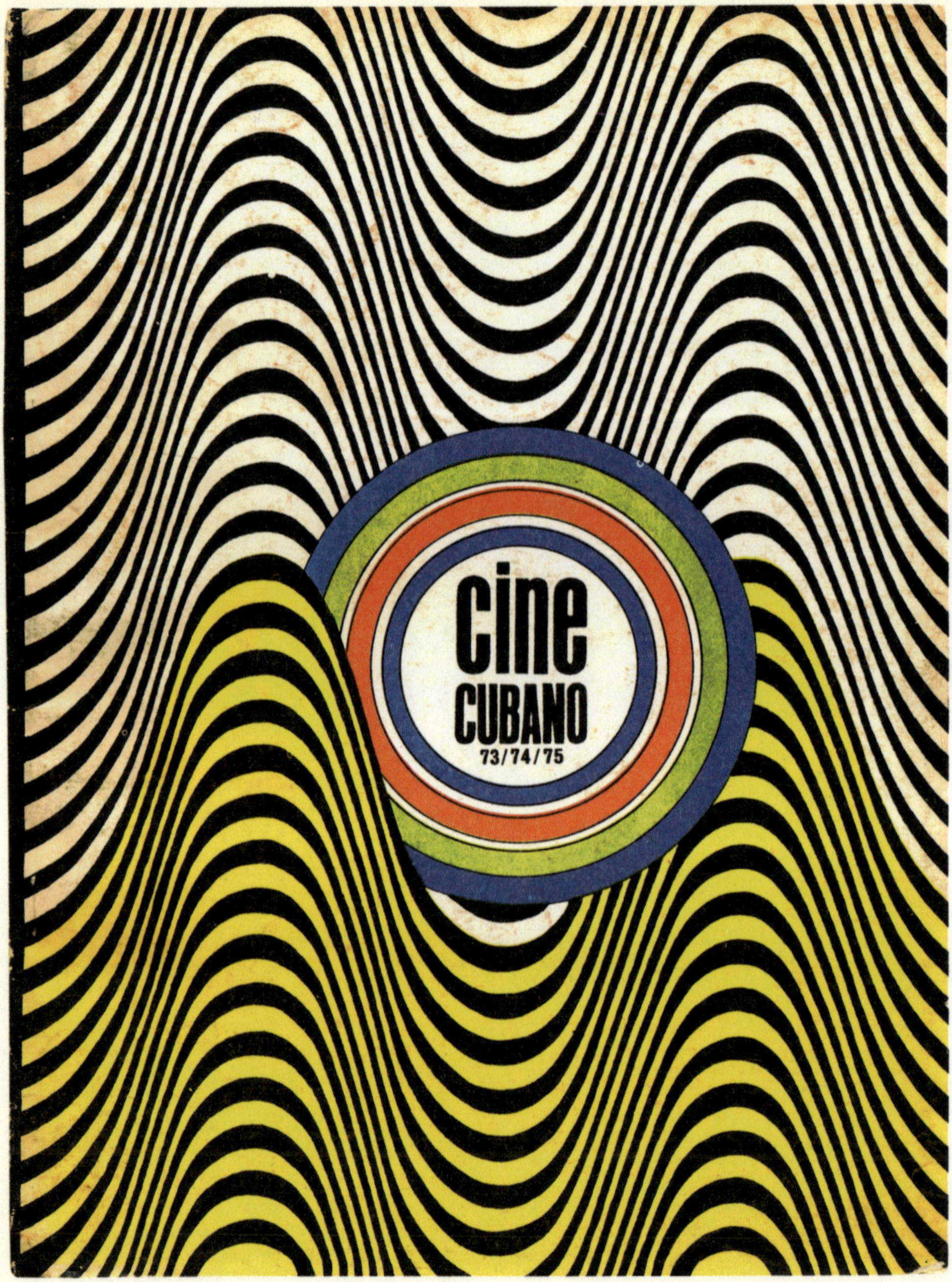

Januar 1972

April 1973

Juli 1977, Cover und Rückseite

Jänner 1980

Sentimental Punk

Lederjacke aus dem Nachlass von Kurt Kren, ca. 1975

Das Filmmuseum hat sich nie als Ort verstanden, an dem Filmrequisiten und Kostüme gehortet werden. »Die Ausstellungen finden auf der Leinwand statt.« Das sorgt bei manch eiligem Gast für Verwirrung, endet aber oft in produktiven Gesprächen über die Sinnhaftigkeit und die möglichen Formen des Ausstellens von Filmen und Dingen anderer Art.

Als Depositum von *Synema – Gesellschaft für Film und Medien* befindet sich in unserem Archiv eine schwarze, einst mit Hingabe getragene Lederjacke. Sie wird vermutlich nie das Licht einer Ausstellung erblicken, aber es ist gut zu wissen, dass sie da ist. Wer kennt denn schon die Unterwäsche, in die Erich von Stroheim seine Darsteller kleidete? Die passende Unterbekleidung war Stroheim wichtig und sorgte für den richtigen *spirit* – so wie die Anwesenheit der schwarzen Lederjacke uns daran erinnern kann, dass es neben der Anhäufung und Fruchtbarmachung von Wissen auch um Haltung im Leben geht.

Der Mann, der diese Jacke mit der größten Selbstverständlichkeit trug, als gäbe es gar kein anderes Kleidungsstück, besaß genug davon: Haltung. Er hatte ein wildes, entbehrungsreiches Leben, musste 1968 sein Land verlassen und verbrachte viele Jahre als Holzarbeiter in den Vereinigten Staaten, dann als Museumswärter in Houston, Texas. Als Vertreter seines Landes ihn an seinem Lebensabend wieder zurück holten, legte er die Lederjacke nicht ab, vielmehr suchte er den Kontakt zur jüngeren Generation, die er gern einmal wissen ließ, dass Bravsein nicht alles im Leben sei.

Das kleinere Foto entstand anlässlich der Casting-Arbeiten für Richard Linklaters Film *Before Sunrise* im Frühsommer 1994 in Wien. Da Schlimmsein auch kein Vergnügen ist, zumindest nicht dauerhaft, war der Mann mit der Lederjacke im Alter ein sehr verlässlicher Mensch. Er kam wie versprochen, setzte sich auf den Klappstuhl, lächelte und war einfach da, in seiner Gänze. So wie er auch um 1 Uhr morgens aus dem Bett stieg und aufs Set kam, weil eine kurzfristige Änderung des Drehplans dies so verlangte. Die Szene am Würstelstand nahe der Albertina endete auf dem *cutting-room floor*. Für Richard Linklater und seinen Kameramann Lee Daniel, zwei Texaner, die das Werk des Mannes mit der Lederjacke schon seit vielen Jahren im Herzen trugen, blieb diese Wiederbegegnung dennoch ein essentieller Bestandteil ihrer Arbeit in Wien. Der *spirit* des Mannes floss ein. Er hieß Kurt Kren und war einer der größten Filmmacher, die nicht nur dieses Land je hervorgebracht hat. R. S.

Caché

Les Films du Dragon, Weihnachtsbillet, 1982–1983
11,8 × 17 cm geschlossen

Bis in die letzte Dekade des 20. Jahrhunderts war es üblich, dass alle Firmen, die in der Filmbranche tätig waren, einander Glückwunschkarten zu Weihnachten und Neujahr sendeten. Diese freundliche Tradition ist leider verschwunden.

Eines der merkwürdigsten Artefakte dieser alten Mode ist jene Karte, die von der belgischen Verleihfirma Les Films du Dragon verschickt wurde. Die Vorderseite zeigt uns eine in Pastelltönen gehaltene winterliche Zeichnung. Unschuldige Kinder und ein älteres Paar betrachten Süßigkeiten in einer Auslage, ein kleiner Hund trägt die Zeitung seines Herrchens. Ein Bild der Idylle. Beim Auffalten des Billets betreten wir eine andere Welt, schwarzweiß und voller Lust. Die Firma, die den Lindwurm im Namen führt, wünscht ein schönes neues Jahr mit ihren zwei letzten Filmerfolgen: *Éducation anglaise* (1982) und *Ardeurs d'été* (1983). Es sind pornografische Filme.

Éducation anglaise wurde von der französischen Firma Tanagra unter der Regie von Jean-Claude Roy produziert. *Ardeurs d'été* ist möglicherweise identifizierbar als eine schweizerisch-französische Produktion: *Heiße Haut im Sommerwind*. Mit hoher Wahrscheinlichkeit kann man diese besondere Wunschkarte also zeitlich den Jahren 1982 oder 1983 zuordnen.

Eine umgekehrte Strategie setzte die für ihre Horrorfilme bekannte englische Produktionsfirma Hammer ein. In der Weihnachtssaison 1970 dachten sich ihre Werbestrategen etwas Besonderes aus, um Interesse für die jüngste Hammer-Produktion zu wecken, nämlich für *Countess Dracula*, inszeniert von Peter Sasdy. Kinostart in Großbritannien: Jänner 1971. Das Billet trägt das freizügige Foto der Protagonistin auf dem Cover. Vielversprechend. Im Inneren des Billetts jedoch: auf einer Seite bloß ein nüchterner Weihnachts- und Neujahrswunsch, auf der anderen Seite der Titel des Films und die Namen der Schauspieler.

Billets dieser Art sind Fallen, postalische Sprengkörper, beide arbeiten mit einer versteckten, verzögerten Botschaft. P. C.

Du Dragon S.P.R.
Souhaitent
Bonne Année
URS
TÉ
NTELLO
NARD
BLANC /
rétée par
RD
MAN

Video meliora proboque, deteriora sequor

Sony D1L-76A Digital Videocassette, 1986
36,4 × 33 × 20,3 cm

1986, zu einer Zeit, als Filme schon längst in buchförmigen Mutationen (»Videokassetten«) vorlagen, präsentierte Sony das erste Magnetbandkassettensystem zur Aufzeichnung digitalisierter Videosignale für den professionellen Markt. Es war eines der allerersten Speichersysteme, das in seinen Spezifikationen nicht im Alleingang von einem Unternehmen entwickelt wurde. Die Bedingungen für ein neues digitales Speicherformat für Videosignale wurden durch unabhängige Expertengruppen definiert, die unter der Leitung der *Society of Motion Picture and Television Engineers* mit der Entwicklung beauftragt waren.

In den 1970er Jahren war im Produktionsbereich der Wunsch aufgekommen, das Videosignal zu digitalisieren, um Vorteile bei den Aufzeichnungssystemen zu nutzen. Die Möglichkeit des (theoretisch) verlustfreien Kopierens digitaler Signale hat bei der Magnetbandaufzeichnung besondere Bedeutung, da im Vergleich zu anderen Verarbeitungsmethoden das Signal hier durch den sogenannten Signal-Rausch-Abstand und durch Drop-outs beeinträchtigt wird. Von einem anderen Vorteil der digitalen Speicherung, der Möglichkeit der Komprimierung, war bei der Entwicklung des ersten digitalen VTR-Systems zunächst nicht die Rede.

Die Speicherung digitaler *Audio*signale war bereits erprobt. Auf Basis dieser Ergebnisse schien es zunächst unmöglich, Gleiches auch bei einem (SD-)Videosignal zu erreichen. Zu groß war die benötigte Bandbreite, zu langsam und zu klein die verfügbaren Speichermedien. Zunächst war eine grundsätzliche Verbesserung der Magnetbänder und der Aufnahmeköpfe nötig, um der anfallenden Datenmenge gerecht zu werden. Das mit (lediglich) 8 Bit abgetastete analoge Videosignal erzeugt selbst bei YC_bC_R 4:2:2 Chromasubsampling noch einen Datenstrom von 216 Mbit/s. Aufgrund der Geometrie der vier Aufzeichnungsköpfe ist eine Bandlänge von 1330m nötig, um 76 Minuten digitales Video aufzuzeichnen. Trotz einer Banddicke von nur 13μm ergibt sich ein Spulendurchmesser von 159mm. So erscheint die Kassette Modell DIL-76A (das L steht für »large«) mit ihren Abmessungen von 364mm × 203mm gar nicht mehr so lächerlich groß. Sie bietet gerade genug Platz um die erforderliche Menge Magnetband unterzubringen. Auch bei diesem digitalen Aufzeichnungssystem muss Qualität mit Größe bezahlt werden.

Im Gegenzug erhielt der Nutzer ein unkomprimiertes digitales Component 4:2:2 SD-Videosignal, das qualitativ über jeden Zweifel erhaben war und immer noch ist. F. W.

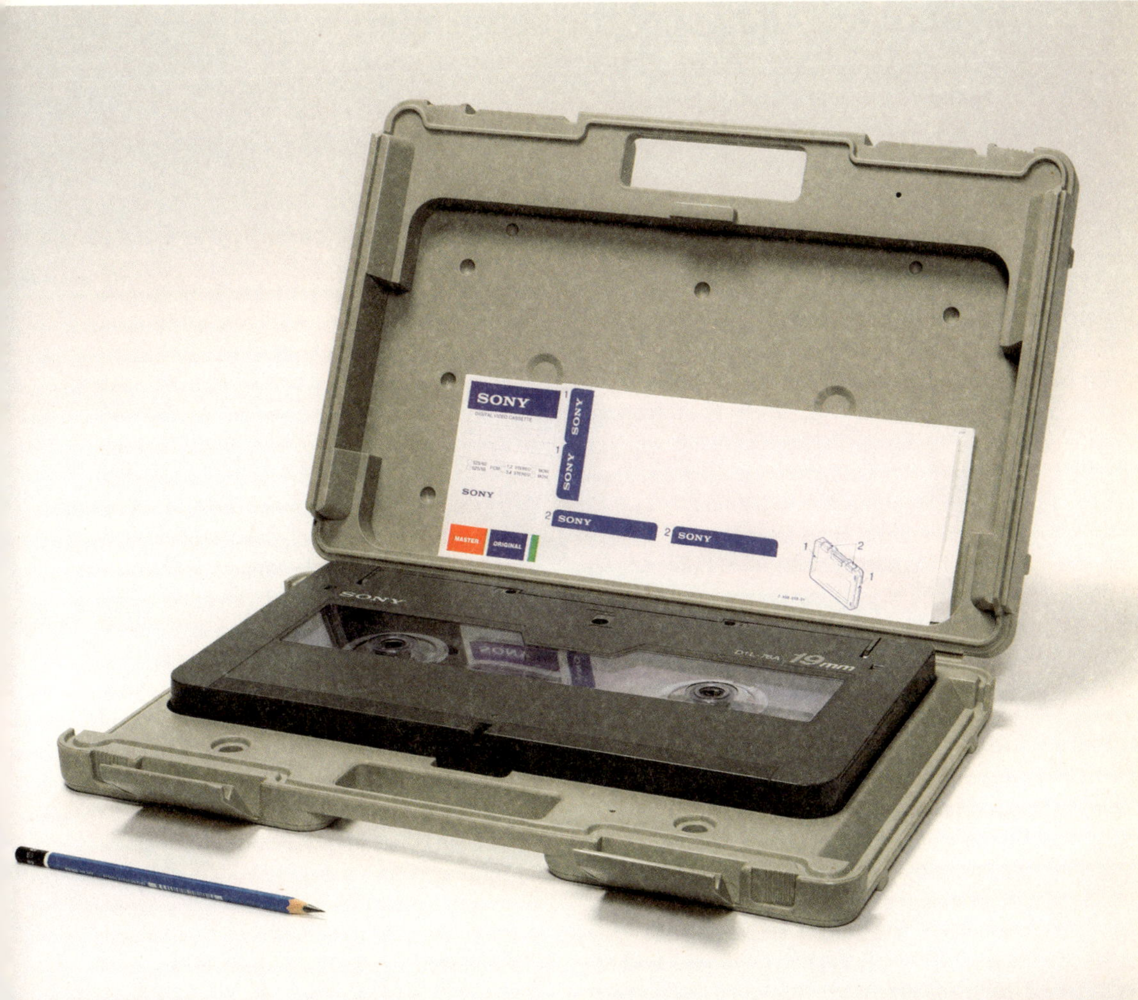
SONY
SONY
SONY
SONY
SONY
MASTER
ORIGINAL
SONY
19mm

I get older, they stay the same age

Frank Kozik, Premierenplakat zu »Dazed and Confused« (1993, Richard Linklater)
Siebdruck in limitierter Auflage, 57,3 × 88,8 cm

Siebdruck ist für Filmplakate eine ungewöhnliche Technik, Standard war sie nur in Kuba. Das vorliegende fünffärbige Beispiel wurde aber auch nicht für den allgemeinen Kinoverleih, sondern für eine Benefiz-Premiere gestaltet. Frank Kozik war damals vor allem für seine Tätigkeiten in der Musikwelt bekannt.

Geboren in Madrid, zog Kozik als Teenager in die USA und kam 1980 nach Austin, Texas, wo seine Flyer-Designs für Post-Punk-Konzerte Aufsehen erregten. Mit seinen späteren Siebdruck-Plakaten für Beastie Boys, Nirvana u.v.a. und seiner *cover art* für The Melvins errang er internationalen Erfolg. 1994 gründete er in San Francisco das Plattenlabel *Man's Ruin Records*. Neben kommerziellen Werbekampagnen gestaltet er heute Kunstobjekte aus Vinyl, Bronze, Glasfaser und Porzellan.

Signiert ist das Plakat vom Regisseur des Films. Richard Linklater, geboren in Houston, kam etwa zeitgleich mit Kozik nach Austin und war 1985 Mitbegründer der Austin Film Society. Heute ist er der bedeutendste und unverdorbenste amerikanische Regisseur seiner Generation. Wer dies schon im August 1993 feststellte, als sein dritter Langfilm *Dazed and Confused* in Locarno uraufgeführt wurde, erntete (im besten Fall) hochgezogene Augenbrauen. Auch 2014 mag an manchen Orten noch kein Verständnis für diese Einschätzung herrschen; in den USA zählen Linklaters Teenagerfilm und andere seiner Werke mittlerweile zum Kanon.

Apropos August 1993: Wie auch die Beispiele auf S. 120 dieses Bands belegen, sind Archivzeugnisse oft voller Trug. Die »Weltpremiere« in Austin war keine; der Film lief vorher auf Festivals. Aber ein »Benefit for the Austin Film Society« war sie sehr wohl. Linklater veranstaltet jedes Jahr eine solche Fundraising-Premiere – und Kollegen wie Quentin Tarantino stellen dafür gerne ihre neuen Filme bereit. Wie man in einem Austin-Dossier der *Cahiers du cinéma* (Nr. 689, Mai 2013) nachlesen kann, ist die Stadt heute, auch dank ihres »Filmpaten«, der dort weiterhin lebt und arbeitet, das dritte und ungewöhnlichste Filmzentrum der USA.

Dazed and Confused war auch der Auftakt zur Karriere des Texaners Matthew McConaughey. Er spielt den Ex-Teenager Wooderson, eine Figur, die man in Wien wohl »Strizzi« nennt. Berühmt wurde folgender Wooderson-Spruch: »That's what I love about these high school girls, man. I get older, they stay the same age.«

Lässt sich nicht dasselbe über »leblose« Sammlungsobjekte sagen? Sie frieren die Zeit ein, aber wer sie betrachtet, empfängt Wärme von ihnen.

A. H.

DAZED
and
CONFUSED
ALEX,
THANKS FOR HAVING US IN VIENNA – IT WAS A WONDERFUL TIME! BEST ALWAYS,
USK 666
WORLD PREMIERE
The Paramount Theatre
September 16th–8:00 pm
after show party at ACROPOLIS-(70's fashion encouraged)
BENEFIT FOR THE AUSTIN FILM SOCIETY
$10
Sponsored by:The Austin Chronicle and KGSR 107 fm

Wir lernen, unter welchen Umständen was wie möglich war

Gerhard Friedl, Projektmappe »Panik von 94«, 2005–2008

Ein Jahr nach *Hat Wolff von Amerongen Konkursdelikte begangen?* (2004) beginnt Gerhard Friedl die Vorarbeiten zu *Panik von 94*. Anders als in *Amerongen*, wo europäische Industriestandorte und bizarre Anekdoten über die unsagbar Mächtigen der deutschen Wirtschaftsgeschichte absichtsvoll absichtslos miteinander verbunden sind, sollen in *Panik von 94* Machtgebiete eindeutig zugewiesen werden. Mit dem Titel ist die amerikanische Wirtschaftspanik von 1894 gemeint – samt blutiger Kämpfe zwischen Söldnern und streikenden Arbeitern an der Ostküste der USA.

Um sich ein Bild über die Geschichte der amerikanischen Arbeiterbewegung zu machen, recherchiert Friedl in den USA, besucht Universitätsarchive und historische Gesellschaften. Doch diesmal scheitert der Versuch, eine Art dokumentaristisches Sittenspiel zu schaffen, das Spannung aus der aktuellen Aufladung historischer Überlieferungen bezieht. Was zu filmen gewesen wäre, existiert nicht mehr. Friedl: »Der Hafen von Baltimore ist eine Freizeitanlage, die meisten Stahlwerke in Pittsburgh sind weggerissen, sanierte Brachen oder Einkaufsanlagen. Eisenbahnen, Bergwerke, Bohranlagen, Fabrikanlagen und dergleichen sind verschwunden, saniert, umgewidmet: es gibt kaum sichtbare Hinweise auf die Zeit, von der der Film handeln soll.«

Friedl disponiert um; zwei neue Filmideen nehmen Gestalt an. Einmal erfochtene Rechte auch dauerhaft in Anspruch nehmen zu können, davon könnte *CU Local 226* handeln, ein Gemeinschaftsprojekt mit Laura Horelli. Anhand von Interviews mit Hotel- und Casinoangestellten in Las Vegas soll (auch) über die mächtige Dienstleistungsgewerkschaft berichtet werden, die für viele Arbeitsmigrant / inn / en in einer der am schnellsten wachsenden Städte der USA substantielle Verbesserungen erkämpft hat. 2009 wird unter dem Namen *Shedding Details* ein 25-minütiges »Nebenergebnis« veröffentlicht.

Buffalo, New York, die »größere« der beiden Filmideen, bleibt als Exposé faszinierend opak: Es geht um singuläre Ereignisse – die erste Hinrichtung mittels Elektrizität 1889, die Ermordung von Präsident William McKinley zwölf Jahre später – und darum, wie singuläre Ereignisse politische Landschaften dauerhaft prägen.

Gerhard Friedl, geboren in Bad Aussee, war ein herausragender Vertreter des deutschsprachigen Kinos. Er starb im Juli 2009 in Berlin, kurz vor seinem 42. Geburtstag. Die Projektmappe ist Teil seines Nachlasses, dessen Überlieferung sich das Österreichische Filmmuseum zur Aufgabe gemacht hat.

G. W.

Panik von 94
Verbatim
CD-R
109

HIGH TOP
HIGH TOP

PIRATES
Heinz
NATIONAL LEAGUE
AMERICAN LEAGUE
29

Braddock, Pennsylvania

Pittsburgh, Pennsylvania

Ein Traum in Rot

David Cronenberg, »Red Cars«, 2005
Buchedition in limitierter Auflage, Torino: Edizioni Volumina

1996, unmittelbar nach den Dreharbeiten zu seinem Film *Crash*, schrieb David Cronenberg ein Drehbuch namens »Red Cars«. Es erzählt die Geschichte des Rennfahrers Phil Hill und konzentriert sich auf dessen Konkurrenzverhältnis zu Wolfgang Graf Berghe von Trips. Hill gewann 1961 für Ferrari die Formel-1-Weltmeisterschaft. Der im September 1961 in Monza tödlich verunglückte Trips fuhr ebenfalls im Ferrari-Team – und war zum Zeitpunkt des Unfalls WM-Führender gewesen. Cronenbergs Drehbuch wurde nie realisiert.

Bereits zehn Jahre früher, im Jahr 1986, hatte der damalige Chef der Paramount, Ned Tanen, dem Regisseur einen Projektentwicklungsauftrag erteilt: für einen Film über die zeitgenössische Formel 1. Cronenberg, ein Fan schneller Autos und Motorräder, der auch selbst oft an Amateurrennen teilnahm, begann hocherfreut mit den Recherchen und flog zu Formel-1-Rennen nach Mexiko und Australien. Keke Rosberg sollte als Fahrer des Kamera-Autos rekrutiert werden, und auch mit Ayrton Senna führte Cronenberg mehrere Gespräche: »I asked him about dreaming.« Mit Bernie Ecclestone, dem Geschäftsführer der Formel 1, wurde verhandelt – die Pläne schienen realisierbar. Am Ende, so Cronenberg, scheiterte alles am Geld, das Ecclestone verlangte.

Erst im dritten Anlauf wurde aus Cronenbergs Formel-1-Träumen ein Werk – ein Buch. *Red Cars* erschien in limitierter Auflage bei Edizioni Volumina und wurde 2005 im Rahmen des Filmfestivals in Venedig vorgestellt. Querformat, Hochglanz, Aluminiumeinband: eine jener Editionen, die im englischen Sprachraum »lavish« genannt werden. In unseren Breiten sagt man dazu gerne »verspielt« oder »narrisch«. Das Buch macht die Innereien eines Autos sichtbar, enthält zahlreiche Detailaufnahmen von Motoren, präsentiert rare Fotos aus dem Ferrari-Archiv sowie das gesamte Drehbuch von 1996. Es hat ausdrücklich Fetischcharakter und eignet sich als Ausstellungsobjekt. Für Cronenberg war es die Möglichkeit, »einen Film ohne Schauspieler und Filmcrew, also ohne großen Aufwand zu realisieren«.

Die Verführung erstreckt sich über 2D-Repräsentationen hinaus: Das Buch ist eigentlich eine Schachtel, und als Devotionalie ist ihm ein Modell des Ferrari 56 F1 »Sharknose« beigelegt. Bei der Ausgabe des Buches in unserer Bibliothek muss auf diesen roten Miniaturflitzer immer besonders geachtet werden: Er lässt sogar die Herzen passionierter Führerschein-Abstinenzler/innen höher schlagen. E. S.

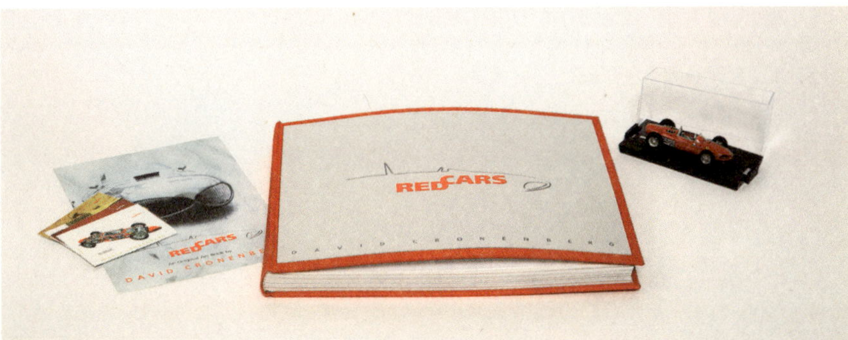
RED CARS
DAVID CRONENBERG

Filme aus Filmen

Norbert Pfaffenbichler, »Notes on Film 03: Mosaik Mécanique« (2007)
35mm-Film (anamorphotisch)

Das Filmmuseum stellt Teile seiner Filmsammlung als Bausteine für neue Arbeiten zur Verfügung. Nutznießer sind Kino-, Theater- und TV-Produktionen, Kunstausstellungen – und die Macher/innen experimenteller Filme und Videos. Letztere haben nicht nur andere Schaffensbedingungen als die »Industrie«, sie etablieren auch andere Geschichtsbilder. Ein – im Kontext des Filmmuseums – frühes Beispiel für die Kräfte, die bei der kritischen Begegnung mit Archivbeständen frei werden können, ist etwa der Film *Ein drittes Reich* (1975) von Alfred Kaiser. Dieser Found-Footage-Essay besteht ausschließlich aus NS-Propaganda- und Kulturfilm-Material, das Kaiser vom Filmmuseum zur Verfügung gestellt wurde.

Im Lauf der Jahrzehnte kamen viele solcher Partnerschaften mit Künstler/inne/n zustande. Rezente Beispiele sind etwa die Filme *Dichtung und Wahrheit* (1996/2003, Peter Kubelka), *cityscapes* (2007, Michaela Grill & Martin Siewert), *Oceano Nox* (2011, Georg Wasner) und mehrere Werke von Gustav Deutsch. Das Filmmuseum nimmt so an einem kulturellen »Stoffwechsel« teil: Weil hier Filme aller Art gesammelt, konserviert und auffindbar gemacht wurden, können aus ihnen neue entstehen, die dann selbst in die Sammlungen eingehen (wo sie vielleicht, Jahrzehnte später, wieder restauriert werden müssen, so unlängst geschehen beim Werk von Alfred Kaiser).

Unter allen Filmen, die Material aus unserer Sammlung überschrieben, unterminiert oder neue Schichten darin freigelegt haben, ist Norbert Pfaffenbichlers *Mosaik Mécanique* vielleicht der »verrückteste« – weil er seinen Ausgangsfilm nicht nur zitiert oder gegen den Strich bürstet, sondern ihn ganz in sich aufnimmt, auflöst und wieder ausspuckt: in buchstäblich anderer Lesart. Alle Einstellungen des Chaplin-Films *A Film Johnnie* (1914) sind hier *gleichzeitig* in einem geometrischen, CinemaScope-förmigen Raster präsent. Sie sind jeweils in sich »geloopt« und ergeben so, aufgrund ihrer unterschiedlichen Länge, stets neue Kontraste mit ihren Nachbarn. Angeordnet sind sie wie Worte auf einer Buchseite: Der Betrachter von *Mosaik Mécanique* kann den Urfilm, *A Film Johnnie*, shot-by-shot von links nach rechts und in sieben Zeilen »durchlesen«. Und kann zugleich staunen über das multiperspektivische Bild vom Medium Film, das sich hier darbietet. *Mosaik Mécanique* sieht Film nicht nur aus Film-Sicht, sondern auch als Partitur oder Plakat, nach Art der Comics oder als offenes Buch, als digitale Bilderbank oder einfach als Installation für Kino.

A. H.

K6

A FILM JOHNNIE
with
Charlie Chaplin
U.S.A. 1914
What he saw on the screen.
Keystone players arriving at the studio.
"I don't want any bums around here."
"A fire! Just what we need to finish the picture."

Then the Keystone Girl appeared.
The interrupted work continued.
THE END.

Transkriptionen aus dem OP-Saal

Hanna Schimek, »Film Zeichnen«, Blaue Mappe und Rote Mappe, 2007–2011
Zeichnungen, Kugelschreiber auf Papier, jeweils 21 × 29,7 cm

Es scheint so zu sein, dass wir mehr über Bilder wissen, als wir sagen können.
(Marianne Kubaczek, Wolfgang Pircher)
Der Kinematograph ist eine Schrift mit Bildern in Bewegung und Tönen.
(Robert Bresson)

Dem Wesen des Films ähnlich, besteht eine Zeichnung aus Kontrasten zwischen Hell und Dunkel. Sie entsteht in enger Koordination zwischen Auge (Rezipient), Gehirn (Transformator) und Hand (Exekutor). Im Gegensatz zum Medium der Fotografie ermöglicht sie das Beifügen, Hervorheben oder Weglassen von Bildinhalten. Sie ermöglicht Abstraktionen und Annotationen. Das Zeichnen schärft die Beobachtung und die Genauigkeit des Schauens.

Nach Abschluss meines Grafik- und Kunststudiums habe ich einige Jahre als wissenschaftliche Illustratorin für medizinische Lehrbücher gearbeitet. Im OP-Saal lernte ich, sehr rasch zu zeichnen: während der Operationen. Die Endfertigung der medizinischen Illustrationen geschah anschließend, in enger Zusammenarbeit mit Ärztinnen und Wissenschaftlerinnen. Dabei wurden komplexe Informationen in didaktische Abbildungen übersetzt.

Die im Zuge dieser Tätigkeit erworbenen Fähigkeiten bildeten eine ideale Grundlage für meine künstlerischen Forschungen am Medium Film. Im Rahmen des transdisziplinären Projekts *Film.Stadt.Wien*, bei dem ein großer Korpus an sogenannten »ephemeren« Filmen mit Wien-Bezug gesichtet und analysiert wurde und an dem Gustav Deutsch und ich als künstlerische Partner teilnahmen, setzten wir das Zeichnen als Forschungsinstrument ein. Bei den ebenfalls mit Gustav Deutsch unternommenen und sehr umfangreichen Archivrecherchen für die Trilogie *Film ist.* (1998–2009) und den Film *Welt Spiegel Kino* (2005) dienten Skizzen der gesichteten Filmbilder zur internen Kommunikation, zur Unterstützung des optischen Gedächtnisses sowie als Mittel der Abstraktion und Beobachtung.

Mit diesen schnell und konzentriert gezeichneten Skizzen am Schneidetisch habe ich versucht, das Wesentliche von Bildinhalten zu erfassen – ebenso wie die Spezifika einzelner Bilder, zum Beispiel außergewöhnliche Licht- und Schattensetzungen, Kadragen oder Physiognomien der Darstellerinnen. So entstanden im Laufe meiner bisherigen Filmrecherchen viele A4-Blätter mit unzähligen Standbildzeichnungen, die nun durch die Aufnahme in die Sammlung des Österreichischen Filmmuseums einen idealen Ort der Bewahrung gefunden haben. Darüber freue ich mich sehr. H. S.

VII DER GRÜNE KAKADU

53:05–53:12	IN AKTION FIKTIV	5. SZENE

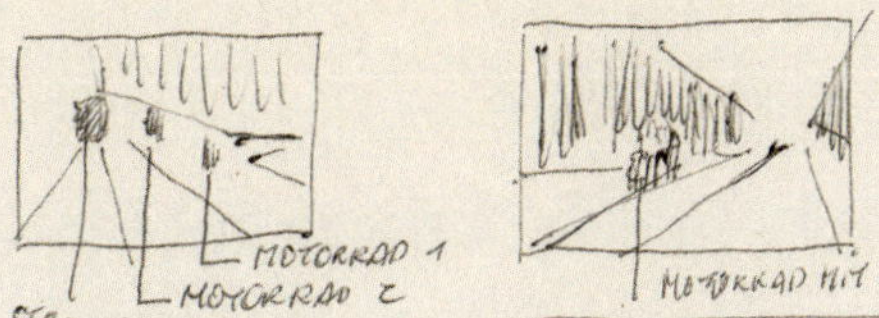

53:15 - 53:17	IN AKTION FIKTIV	6. SZENE

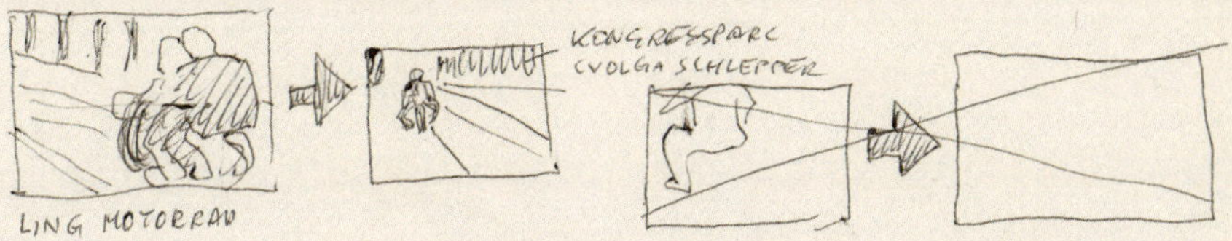

53:21–54:03	IN AKTION FIKTIV	7. SZENE

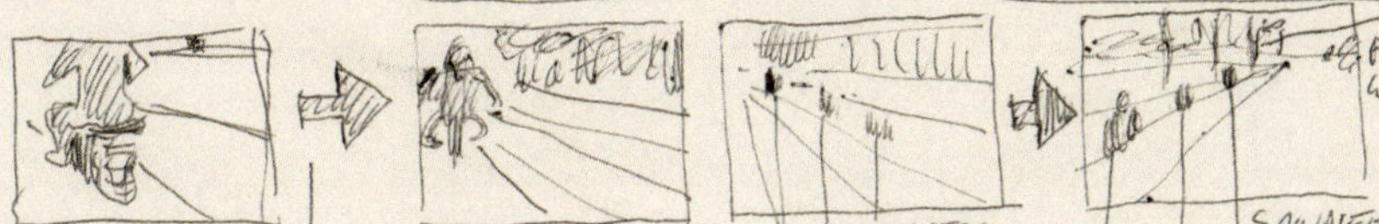

3. „UNBEKANNTES" MOTORRAD ....

ASSOZ. WOLGA SCHLEPPER	KONGRESSPARK RELIEF

3

LE JOYEUX REVEIL 1938

ER SCHAUT FRAGEND IN DIE KAMERA

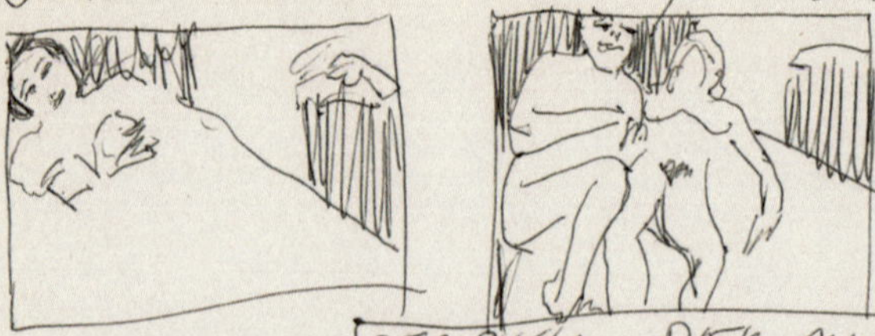

1

DER BLICK: „DIER AUGENBLICK DER WAHRHEIT ....

BLICK DES MANNES IN D. KAMERA - SEITEN! ....

DER BLICK DIE UNTERBRECHUNG DES SPIELS

IM THEATER SCHAUT NIE DER DARSTELLER...

LES VOYEURES 1925

DARSTELLUNG DER EXTASE BEI DER FRAU

STUDIO DE PLEIN AIR 1925

ALLES KOKETTER BLICK IN DIE KAMERA TÄNZERINNEN...

2 FILME DIE NICHTS MITEINANDER ZU TUN HABEN

LA SCENE QU'ON TOURNE...

KAMERAMANN FRAU HERR ALLE HINTER DER KAMERA

UN HEUREUX ACCIDENT 1930

SPIEGEL

ELEGANTER HERR PINKELT IM WALD

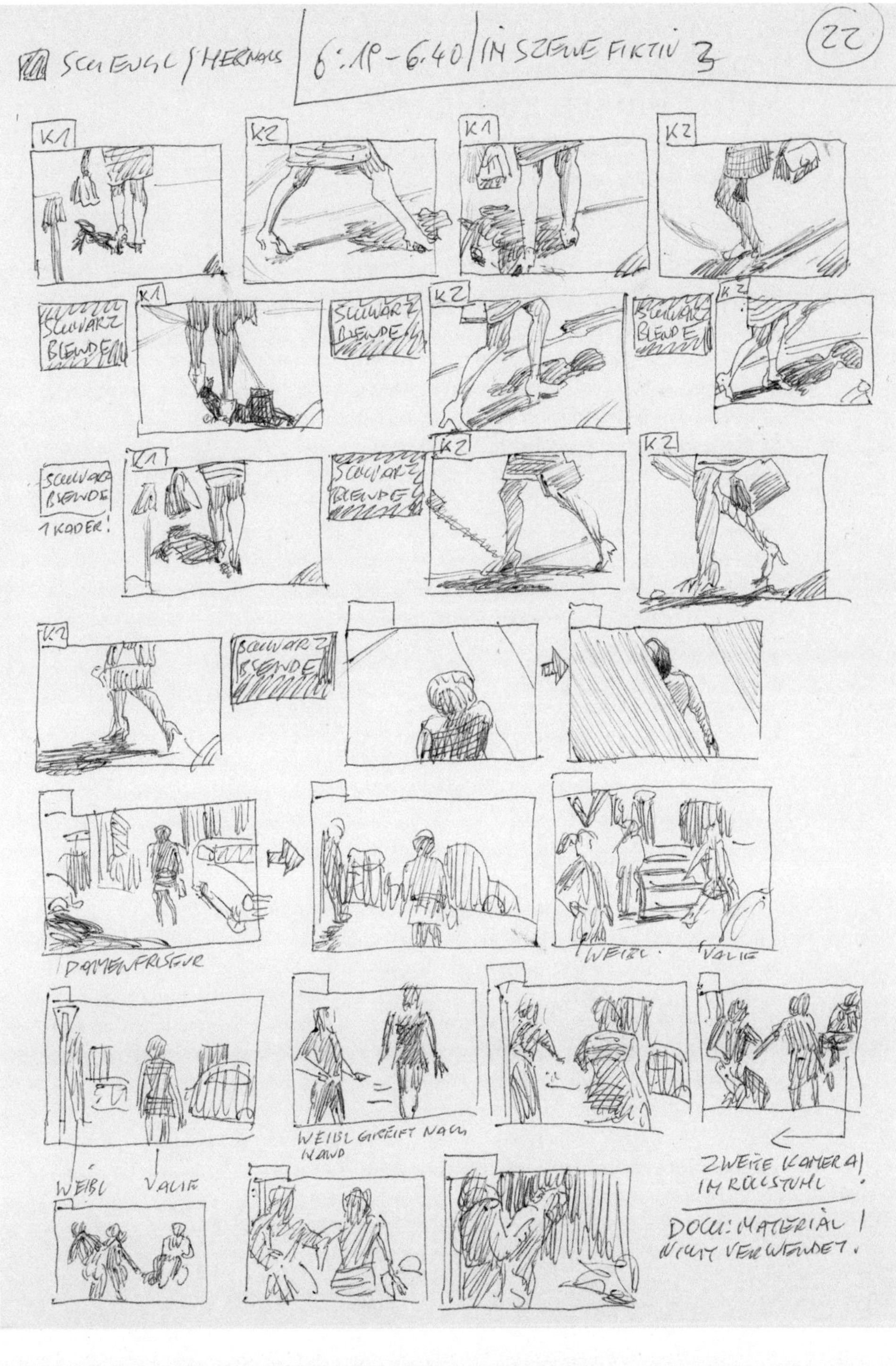
HERNALS
6:18 - 6:40
IN SZENE FIKTIV 3
22
K1
K2
SCHWARZ BLENDE
SCHWARZ BLENDE
1 KADER!
DAMENFRISEUR
WEIBL
VALIE
WEIBL GREIFT NACH WAND
WEIBL
VALIE
ZWEITE KAMERA IM ROLLSTUHL.
DOCU: MATERIAL NICHT VERWENDET.

»Hier bin ich zu Hause«

Michael Haneke, Regiedrehbuch, 2011, zu seinem Film »Amour« (2012)
96 annotierte Seiten im Klemmbinder, 22,5 × 31 cm

Das Regiedrehbuch, also jenes Exemplar, das der Filmemacher zur eigenen Verwendung während der Dreharbeit bei sich führt, ist ein besonderes Element jeder Spielfilmproduktion. Zunächst ist es das Substrat der Vorarbeiten, eine Abfolge der Szenen, Dialoge und Schauplätze. Die Noten dieser Partitur sind jedoch schon durch zahlreiche Annotationen ergänzt, die der »Dirigent« während der Ausführung am Set zu beherzigen gedenkt. Schon die einleitende Szenenübersicht kann Informationen enthalten, die kein reguläres Drehbuch berücksichtigt – zum Beispiel eine exakte Datierung der fiktionalen Geschehnisse: ein internes Gerüst für den Erzähler, das im Film selbst höchstens unterschwellig wirksam wird. Oder Angaben zur Dauer der Szenen – sie verweisen eher auf eine mentale Durchspielung vorab als auf die tatsächliche Dauer im fertigen Film.

Im Fall von *Amour* (und anderen Regiebüchern Michael Hanekes) enthält eine Doppelseite jeweils die französische und deutsche Textfassung einer Szene – erstere in kleinerer Schrift, um Platz für visuelle Informationen zu schaffen. Dazu zählen etwa digital vorgefertigte Storyboards – sie finden sich bei Haneke seit *Die Klavierspielerin* (2001), wurden aber im Lauf der Zeit technisch elaborierter – und seine eigenen, schematischen Bleistiftzeichnungen, die auch Details wie Mimik und Position erfassen. Vorgedruckte Grundrisse mit Abfolgen von Kamerapositionen, Einstellungswinkeln und Ortswechseln der Schauspieler ergänzen die raum-zeitliche Gesamtkonzeption. Weitere »visuelle Notizen« entstehen aller Wahrscheinlichkeit nach während der Dreharbeiten selbst.

Besonders einleuchtend ist das Farbleitsystem: nummerierte Reiter in Gelb (für eine Szene bei Tag), Grün (Nacht) und Gelb-Grün (Dämmerung). Zumeist unterstreicht Haneke in Gelb und Neonblau die Licht- bzw. Ton-relevanten Aspekte des Scripts. Auffällig sind auch die abgerissenen unteren Ecken: Wie in einem Logbuch erhält jede Buchseite nach dem Dreh der betreffenden Szene eine winzige Leerstelle. So wird täglich an die Vergangenheit verwiesen, was schon eine Zukunft gewonnen hat: aus dem Konzeptpapier ist belichteter Film geworden.

Der obige Titel ist Michael Hanekes Eintrag ins Gästebuch des Filmmuseums entlehnt. Im buchstäblichen Sinn ist die Aussage unkorrekt, denn der Regisseur wohnt anderswo. Sie lässt sich aber auf den Umstand beziehen, dass in diesem Museum seit 2003 sein Vorlass zu Lebzeiten bewahrt und für die Forschung zugänglich gemacht wird. R. F. B.

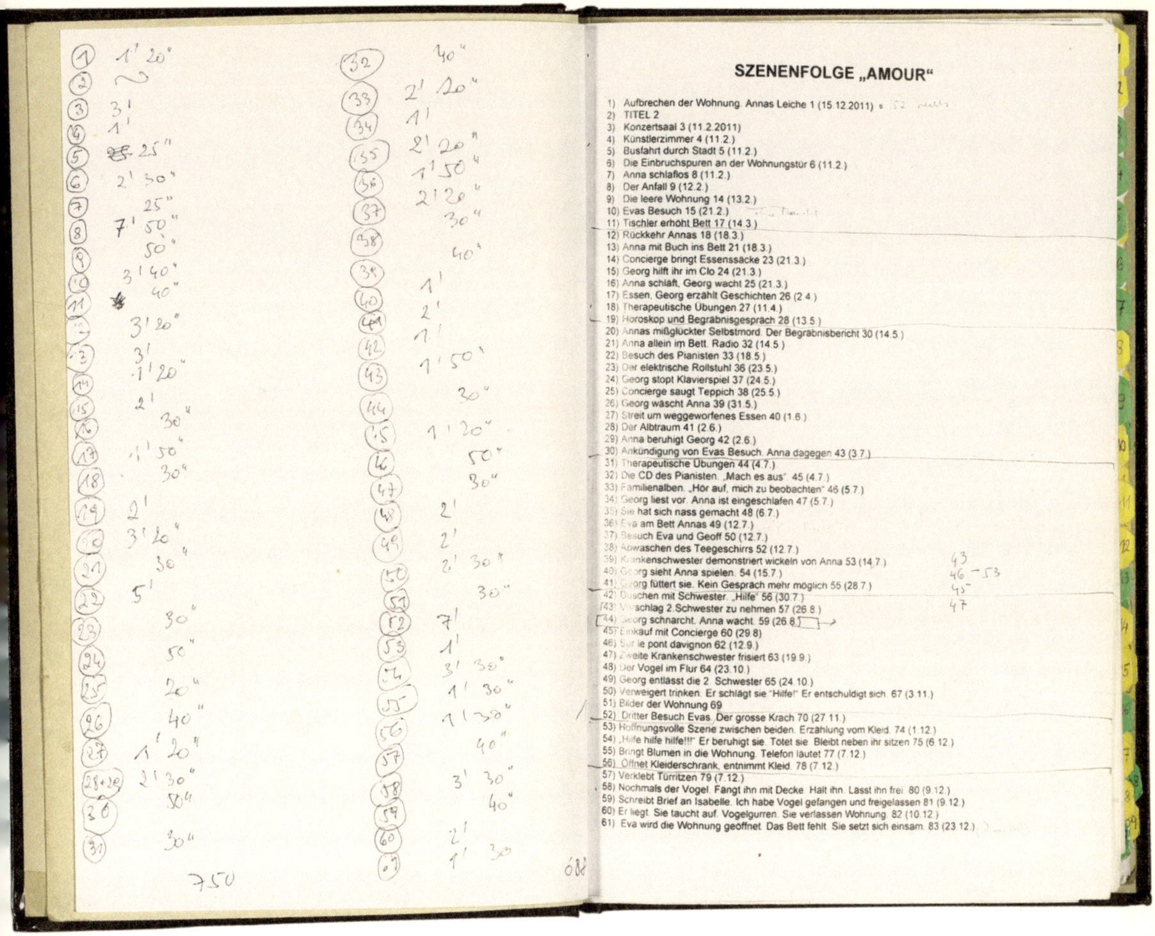

SZENENFOLGE „AMOUR“

1) Aufbrechen der Wohnung. Annas Leiche 1 (15.12.2011)
2) TITEL 2
3) Konzertsaal 3 (11.2.2011)
4) Künstlerzimmer 4 (11.2.)
5) Busfahrt durch Stadt 5 (11.2.)
6) Die Einbruchspuren an der Wohnungstür 6 (11.2.)
7) Anna schlaflos 8 (11.2.)
8) Der Anfall 9 (12.2.)
9) Die leere Wohnung 14 (13.2.)
10) Evas Besuch 15 (21.2.)
11) Tischler erhöht Bett 17 (14.3.)
12) Rückkehr Annas 18 (18.3.)
13) Anna mit Buch ins Bett 21 (18.3.)
14) Concierge bringt Essenssäcke 23 (21.3.)
15) Georg hilft ihr im Clo 24 (21.3.)
16) Anna schläft, Georg wacht 25 (21.3.)
17) Essen, Georg erzählt Geschichten 26 (2.4.)
18) Therapeutische Übungen 27 (11.4.)
19) Horoskop und Begräbnisgespräch 28 (13.5.)
20) Annas mißglückter Selbstmord. Der Begräbnisbericht 30 (14.5.)
21) Anna allein im Bett. Radio 32 (14.5.)
22) Besuch des Pianisten 33 (18.5.)
23) Der elektrische Rollstuhl 36 (23.5.)
24) Georg stopt Klavierspiel 37 (24.5.)
25) Concierge saugt Teppich 38 (25.5.)
26) Georg wäscht Anna 39 (31.5.)
27) Streit um weggeworfenes Essen 40 (1.6.)
28) Der Albtraum 41 (2.6.)
29) Anna beruhigt Georg 42 (2.6.)
30) Ankündigung von Evas Besuch. Anna dagegen 43 (3.7.)
31) Therapeutische Übungen 44 (4.7.)
32) Die CD des Pianisten. „Mach es aus“. 45 (4.7.)
33) Familienalben. „Hör auf, mich zu beobachten“ 46 (5.7.)
34) Georg liest vor. Anna ist eingeschlafen 47 (5.7.)
35) Sie hat sich nass gemacht 48 (6.7.)
36) Eva am Bett Annas 49 (12.7.)
37) Besuch Eva und Geoff 50 (12.7.)
38) Abwaschen des Teegeschirrs 52 (12.7.)
39) Krankenschwester demonstriert wickeln von Anna 53 (14.7.)
40) Georg sieht Anna spielen. 54 (15.7.)
41) Georg füttert sie. Kein Gespräch mehr möglich 55 (28.7.)
42) Duschen mit Schwester. „Hilfe“ 56 (30.7.)
43) Vorschlag 2.Schwester zu nehmen 57 (26.8.)
44) Georg schnarcht. Anna wacht. 59 (26.8.)
45) Einkauf mit Concierge 60 (29.8)
46) Sur le pont davignon 62 (12.9.)
47) Zweite Krankenschwester frisiert 63 (19.9.)
48) Der Vogel im Flur 64 (23.10.)
49) Georg entlässt die 2. Schwester 65 (24.10.)
50) Verweigert trinken. Er schlägt sie "Hilfe!" Er entschuldigt sich. 67 (3.11.)
51) Bilder der Wohnung 69
52) Dritter Besuch Evas. Der grosse Krach 70 (27.11.)
53) Hoffnungsvolle Szene zwischen beiden. Erzählung vom Kleid. 74 (1.12.)
54) „Hilfe hilfe hilfe!!!“ Er beruhigt sie. Tötet sie. Bleibt neben ihr sitzen 75 (6.12.)
55) Bringt Blumen in die Wohnung. Telefon läutet 77 (7.12.)
56) Öffnet Kleiderschrank, entnimmt Kleid. 78 (7.12.)
57) Verklebt Türritzen 79 (7.12.)
58) Nochmals der Vogel. Fängt ihn mit Decke. Hält ihn. Lässt ihn frei. 80 (9.12.)
59) Schreibt Brief an Isabelle. Ich habe Vogel gefangen und freigelassen 81 (9.12.)
60) Er liegt. Sie taucht auf. Vogelgurren. Sie verlassen Wohnung. 82 (10.12.)
61) Eva wird die Wohnung geöffnet. Das Bett fehlt. Sie setzt sich einsam. 83 (23.12.)

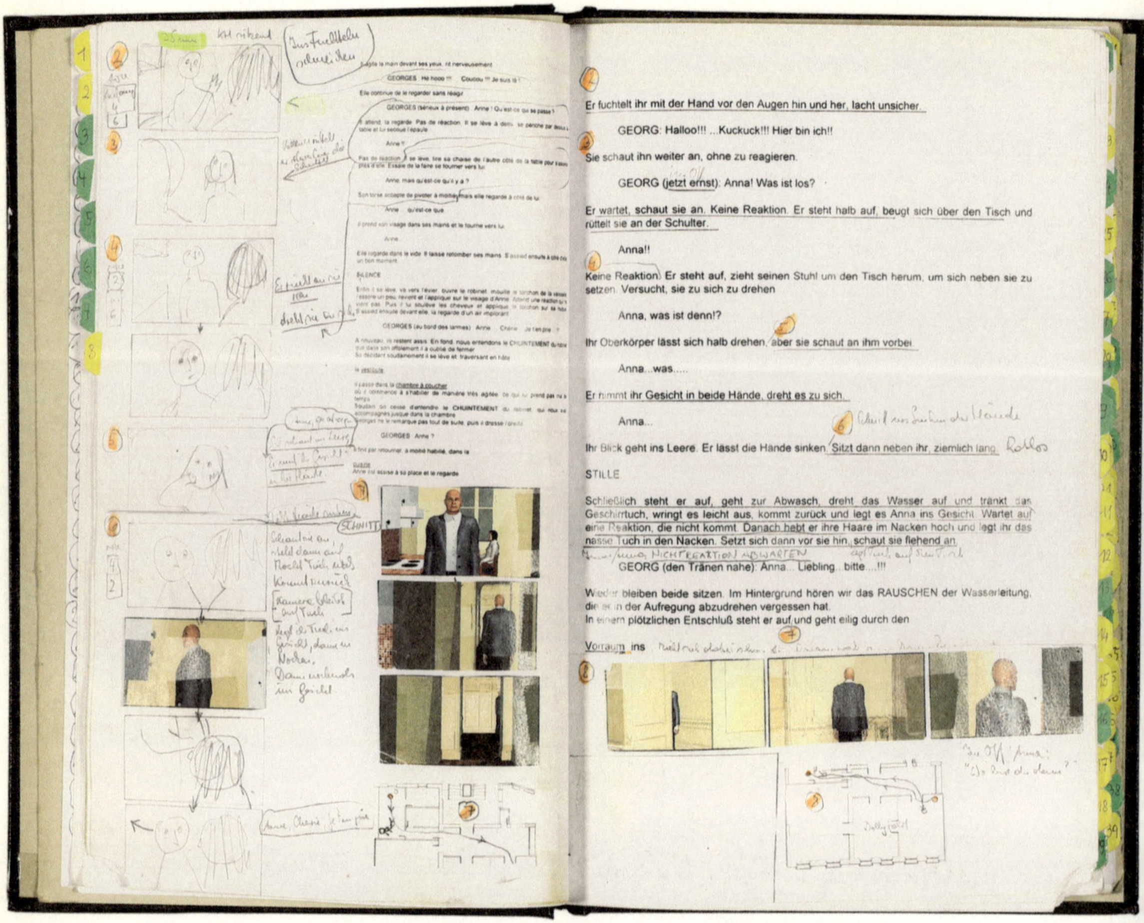

Il agite la main devant ses yeux, rit nerveusement

GEORGES Hé hooo !!! Coucou !!! Je suis là !

Elle continue de le regarder sans réagir

GEORGES (sérieux à présent) Anne ! Qu'est-ce qui se passe ?

Il attend, la regarde. Pas de réaction. Il se lève à demi, se penche par dessus la table et lui secoue l'épaule

Anne !!

Pas de réaction. Il se lève, tire sa chaise de l'autre côté de la table pour s'asseoir près d'elle. Essaie de la faire se tourner vers lui

Anne, mais qu'est-ce qu'il y a ?

Son torse accepte de pivoter à moitié, mais elle regarde à côté de lui

Anne... qu'est-ce que...

Il prend son visage dans ses mains et le tourne vers lui

Anne...

Elle regarde dans le vide. Il laisse retomber ses mains. S'assied ensuite à côté d'elle un bon moment

SILENCE

Enfin il se lève, va vers l'évier, ouvre le robinet, mouille le torchon de la vaisselle, l'essore un peu, revient et l'applique sur le visage d'Anne. Attend une réaction qui ne vient pas. Puis il lui soulève les cheveux et applique le torchon sur sa nuque. S'assied ensuite devant elle, la regarde d'un air implorant

GEORGES (au bord des larmes) Anne... Chérie... Je t'en prie...!

A nouveau, ils restent assis. En fond, nous entendons le CHUINTEMENT du robinet qui dans son affolement il a oublié de fermer

Se décidant soudainement il se lève et, traversant en hâte

le vestibule

il passe dans la chambre à coucher

où il commence à s'habiller de manière très agitée, ce qui lui prend pas mal de temps.

Soudain on cesse d'entendre le CHUINTEMENT du robinet, qui nous a accompagnés jusque dans la chambre

Georges ne le remarque pas tout de suite, puis il dresse l'oreille

GEORGES Anne ?

Il finit par retourner, à moitié habillé, dans la

cuisine

Anne est assise à sa place et le regarde

Er fuchtelt ihr mit der Hand vor den Augen hin und her, lacht unsicher.

GEORG: Halloo!!! ...Kuckuck!!! Hier bin ich!!

Sie schaut ihn weiter an, ohne zu reagieren.

GEORG (jetzt ernst): Anna! Was ist los?

Er wartet, schaut sie an. Keine Reaktion. Er steht halb auf, beugt sich über den Tisch und rüttelt sie an der Schulter.

Anna!!

Keine Reaktion. Er steht auf, zieht seinen Stuhl um den Tisch herum, um sich neben sie zu setzen. Versucht, sie zu sich zu drehen

Anna, was ist denn!?

Ihr Oberkörper lässt sich halb drehen, aber sie schaut an ihm vorbei

Anna...was.....

Er nimmt ihr Gesicht in beide Hände, dreht es zu sich.

Anna...

Ihr Blick geht ins Leere. Er lässt die Hände sinken. Sitzt dann neben ihr, ziemlich lang.

STILLE

Schließlich steht er auf, geht zur Abwasch, dreht das Wasser auf und tränkt das Geschirrtuch, wringt es leicht aus, kommt zurück und legt es Anna ins Gesicht. Wartet auf eine Reaktion, die nicht kommt. Danach hebt er ihre Haare im Nacken hoch und legt ihr das nasse Tuch in den Nacken. Setzt sich dann vor sie hin, schaut sie flehend an.

GEORG (den Tränen nahe): Anna... Liebling... bitte....!!!

Wieder bleiben beide sitzen. Im Hintergrund hören wir das RAUSCHEN der Wasserleitung, die er in der Aufregung abzudrehen vergessen hat.

In einem plötzlichen Entschluß steht er auf und geht eilig durch den

Vorraum ins

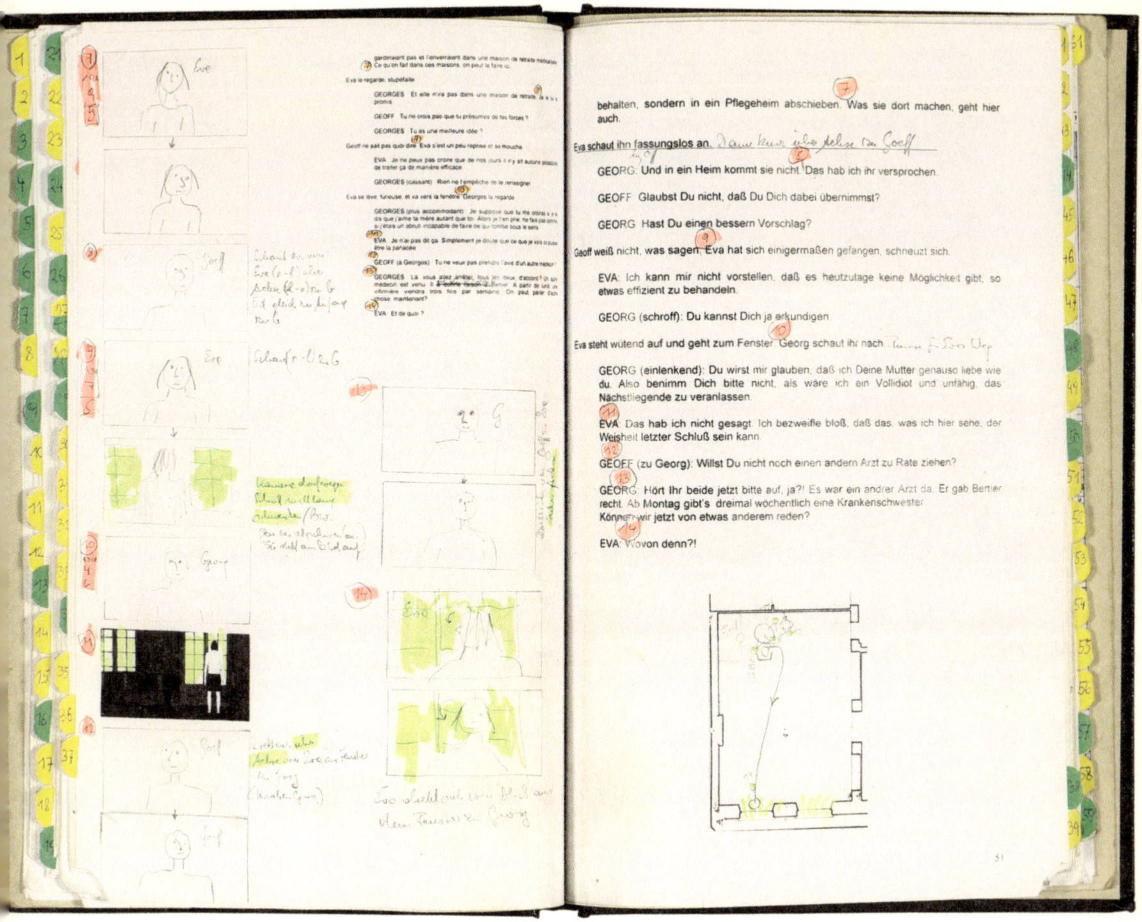

behalten, sondern in ein Pflegeheim abschieben. Was sie dort machen, geht hier auch.

Eva schaut ihn fassungslos an.

GEORG: Und in ein Heim kommt sie nicht. Das hab ich ihr versprochen.

GEOFF: Glaubst Du nicht, daß Du Dich dabei übernimmst?

GEORG: Hast Du einen bessern Vorschlag?

Geoff weiß nicht, was sagen. Eva hat sich einigermaßen gefangen, schneuzt sich.

EVA: Ich kann mir nicht vorstellen, daß es heutzutage keine Möglichkeit gibt, so etwas effizient zu behandeln.

GEORG (schroff): Du kannst Dich ja erkundigen.

Eva steht wütend auf und geht zum Fenster. Georg schaut ihr nach.

GEORG (einlenkend): Du wirst mir glauben, daß ich Deine Mutter genauso liebe wie du. Also benimm Dich bitte nicht, als wäre ich ein Vollidiot und unfähig, das Nächstliegende zu veranlassen.

EVA: Das hab ich nicht gesagt. Ich bezweifle bloß, daß das, was ich hier sehe, der Weisheit letzter Schluß sein kann.

GEOFF (zu Georg): Willst Du nicht noch einen andern Arzt zu Rate ziehen?

GEORG: Hört Ihr beide jetzt bitte auf, ja?! Es war ein andrer Arzt da. Er gab Bertier recht. Ab Montag gibt's dreimal wöchentlich eine Krankenschwester.
Können wir jetzt von etwas anderem reden?

EVA: Wovon denn?!

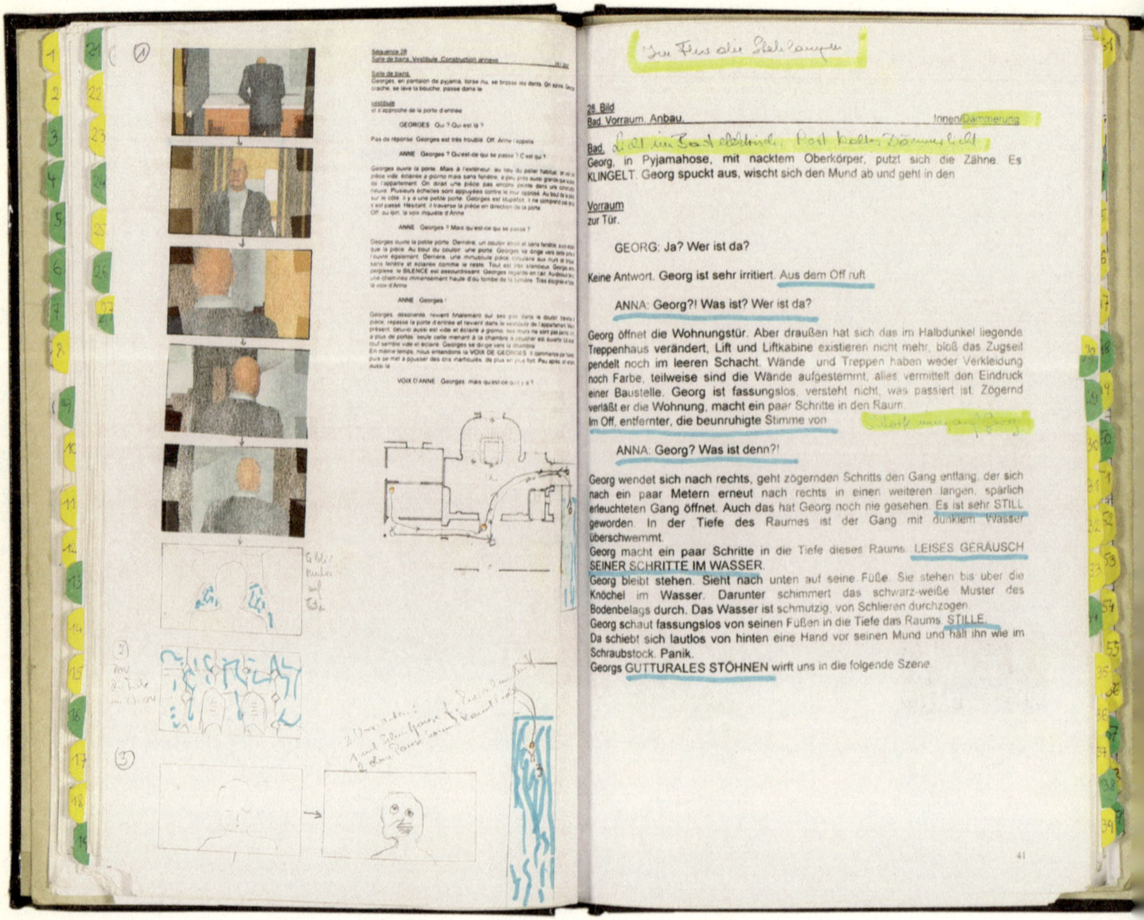
28. Bild
Bad. Vorraum. Anbau.
Innen/Dämmerung
Bad.
Georg, in Pyjamahose, mit nacktem Oberkörper, putzt sich die Zähne. Es KLINGELT. Georg spuckt aus, wischt sich den Mund ab und geht in den
Vorraum
zur Tür.
GEORG: Ja? Wer ist da?
Keine Antwort. Georg ist sehr irritiert. Aus dem Off ruft
ANNA: Georg?! Was ist? Wer ist da?
Georg öffnet die Wohnungstür. Aber draußen hat sich das im Halbdunkel liegende Treppenhaus verändert, Lift und Liftkabine existieren nicht mehr, bloß das Zugseil pendelt noch im leeren Schacht. Wände und Treppen haben weder Verkleidung noch Farbe, teilweise sind die Wände aufgestemmt, alles vermittelt den Eindruck einer Baustelle. Georg ist fassungslos, versteht nicht, was passiert ist. Zögernd verläßt er die Wohnung, macht ein paar Schritte in den Raum.
Im Off, entfernter, die beunruhigte Stimme von
ANNA: Georg? Was ist denn?!
Georg wendet sich nach rechts, geht zögernden Schritts den Gang entlang, der sich nach ein paar Metern erneut nach rechts in einen weiteren langen, spärlich erleuchteten Gang öffnet. Auch das hat Georg noch nie gesehen. Es ist sehr STILL geworden. In der Tiefe des Raumes ist der Gang mit dunklem Wasser überschwemmt.
Georg macht ein paar Schritte in die Tiefe dieses Raums. LEISES GERÄUSCH SEINER SCHRITTE IM WASSER.
Georg bleibt stehen. Sieht nach unten auf seine Füße. Sie stehen bis über die Knöchel im Wasser. Darunter schimmert das schwarz-weiße Muster des Bodenbelags durch. Das Wasser ist schmutzig, von Schlieren durchzogen.
Georg schaut fassungslos von seinen Füßen in die Tiefe das Raums. STILLE.
Da schiebt sich lautlos von hinten eine Hand vor seinen Mund und hält ihn wie im Schraubstock. Panik.
Georgs GUTTURALES STÖHNEN wirft uns in die folgende Szene.
41

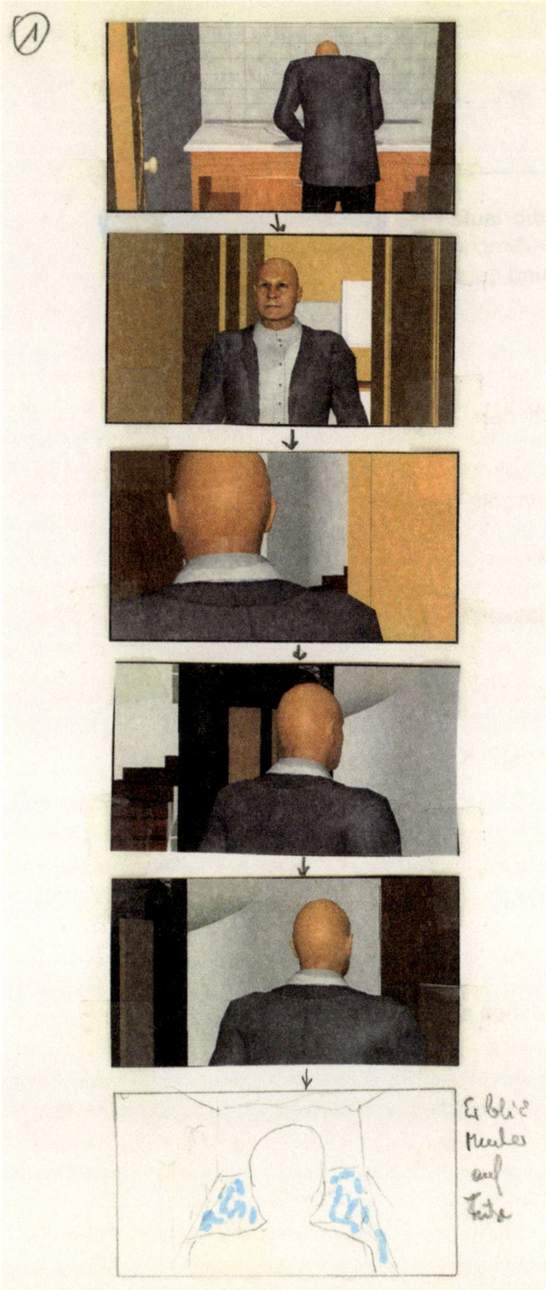

Ausschnitt aus dem Regiedrehbuch zu *Amour*, siehe linke Seite

Pixel und Korn

Hewlett-Packard HP Z800, Workstation für digitale Filmrestaurierung, 2010

Das neue Jahrtausend hat dem Kino enorme Veränderungen beschert, die für die Produktionspraxis, für das Nachdenken über Film und für die Frage der Überlieferung bewegter Bilder radikale Folgen haben. Bereits seit den 1980er Jahren kamen digitale Mittel in zunehmendem Maße bei der Herstellung und Postproduktion von Kinofilmen zum Einsatz; das globale Medium der öffentlichen Kinopräsentation, der 35mm-Film, wurde dadurch allerdings kaum tangiert. Nach mehr als einer Dekade filmindustrieller Bestrebungen, einen neuen, nämlich digitalen Kinostandard zu etablieren, »kippte« aber auch das Endprodukt, das im Kino gezeigte Werk: In den Jahren 2009 bis 2012 wurde in einem Gutteil der Kinos weltweit die Vorführtechnologie umgestellt; statt eines analogen Trägers in analoger Projektion (Film) präsentieren die meisten Kinos heute Datensätze von einer Festplatte via Datenprojektion (Files).

Abgesehen von dem Umstand, dass ein seriöses Museum danach trachten muss, die historischen Ergebnisse des analogen Mediums Film auch künftig unter den Maßgaben eben dieses Mediums zugänglich zu machen, ist es für solch ein Museum unabdingbar, auch die zeitgenössische »Mutationsära« praktisch zu begleiten und zu reflektieren. Dass in der gegenwärtigen Realität von Film und Kino zwei verschiedene Medien einander berühren bzw. »verschlingen«, bleibt nämlich auch dann ein Faktum, wenn man es – wie das Österreichische Filmmuseum – für wesentlich hält, die Unterschiede zwischen diesen Medien zu benennen und zu einer Grundlage der eigenen Arbeit zu machen.

Das digitale Filmrestaurierungslabor, das vom Filmmuseum gemeinsam mit dem Filmarchiv Austria seit Mitte der 2000er Jahre betrieben wird, steht beispielhaft für das generelle Unterfangen, die »Mutationsära« besser zu verstehen. Anhand ausgewählter Beispiele aus der Filmsammlung versuchen die Restaurator/inn/en, die ethischen Dimensionen, die technischen Vor- und Nachteile und die ästhetischen Folgen zu definieren, die sich im Dreischritt dieses Prozesses ergeben: 1. Digitalisierung (Scan) eines analogen Films; 2. digitale Bearbeitung (Restaurierung) der erlangten Daten mit dem Ziel, die akkumulierten Bild- und Tonverluste des betreffenden Films zu kompensieren und dabei seine Charakteristik möglichst zu erhalten; 3. Rückführung (Ausspielung) der bearbeiteten Files auf 35mm-Filmnegativ und Herstellung einer Vorführkopie.

Das Gerät HP Z800 ist – so wie HAL in Kubricks *2001: A Space Odyssey* (1968) – einer unserer Gesprächspartner im zweiten Teil dieses Vorgangs. Bald wird es Teil der Sammlung sein: als Zeuge einer historischen Praxis. A. H.

Apichatpong Weerasethakul (links) in einer Besprechung über die Lichtbestimmung seines Films *Dokfah Nai Meu Maan / Mysterious Object at Noon* (2000) in Wien, Juni 2012. Der Film wurde mit digitalen Mitteln restauriert (siehe auch großes Bild).

Flirt

Gästebuch des Österreichischen Filmmuseums, ab 1987
24 × 30 cm

Als 2005 in einem alten Büroschrank ein in blaues Leder gebundenes Album auftauchte, staunten wir nicht schlecht: Gleich auf der Eröffnungsseite sprang uns die Handschrift von Sergio Leone entgegen, gefolgt von einem langen Eintrag von Jeanne Moreau und einem grimmig dreinblickenden Buddha, gezeichnet von Allen Ginsberg im Jahr 1993.

Das Album wurde entstaubt, und Frederick Wiseman eröffnete den zweiten Reigen von Einträgen, gefolgt von Allan Sekula, der sich voll Freude (und mit einem kleinen Pfeil) auf seinen Vorgänger bezog. Viele sollten folgen. Jene, die an der Gemeinschaft des Kinos mitwirken, wie sie ein Filmmuseum zu repräsentieren versucht, leben weit verstreut über den Erdball und kennen einander in den seltensten Fällen persönlich. Sie kommen auch im Filmmuseum meist nur virtuell zusammen, im Nacheinander ihrer verschiedenen Gästebuch-Einträge. Aber in seiner Gesamtheit trägt dieses Buch dennoch die Spuren eines »Parlaments« dieser Gemeinschaft.

Jeder Gast beginnt unmittelbar zu schmökern, bevor er oder sie einen neuen Eintrag macht: Jonas Mekas bemalt mit seinem stets gegenwärtigen roten Stift eine Blumengirlande für Dominique Sanda, als ob er eben noch der Vorstellung von *Une femme douce* (1969) beigewohnt und sich an ihren wunderbaren Margeritenstrauß erinnert hätte. Dietmar Brehms Flirt-Zigarette trifft auf Bruce McClures kraftvolles Poem der »Scotopic Turbulence Projectors« (sein Stempel darf nie fehlen). Tacita Deans »Mount Analogue« nimmt Platz auf einer Doppelseite mit dem Eintrag von Dušan Makavejev, der sich im großen dunklen Kino nach wie vor am wohlsten fühlt.

Über die Jahre stellt man mit Vergnügen fest, dass es liebgewonnene »Wiederholungstäter« gibt. Apichatpong Weerasethakuls erster Besuch schlug sich noch in einer fein ziselierten Widmung in Thai nieder, James Benning wiederum beschenkt uns einmal mit einer Spiral Jetty, ein andermal mit einer kryptischen Zahlenreihe, die etwas bedeuten mag – »but that's for you to decide«.

»Filmzeit ist Lebenszeit«, schrieb Romuald Karmakar. Und auch Lorelei Linklater, Akteurin in Filmen ihres Vaters wie *Boyhood* (2014) und *Waking Life* (2001), vermochte mit ihren tiefen Gedanken über Leben und Kino, wie sie gerade Heranwachsenden zustehen, den großen Michael Haneke so zu verunsichern, dass er seinen Eintrag trotz wiederholter Besuche im Filmmuseum so lange hinauszögerte, bis er schließlich auf einer Seite mit dem »großen Kind« David OReilly landete. Zu Hause sind sie hier alle.

R. S.

Pour Alex et Regina,

Avec toute ma sympathie, et ma reconnaissance pour cette rétrospective des oeuvres complètes de Robert Bresson, comprenant "Une femme douce" enfin sortie d'un long sommeil dans un tiroir de La Paramount. Une joie partager ce moment dans le Filmmuseum avec le public viennois.

Dominique Sanda

11-04-2013

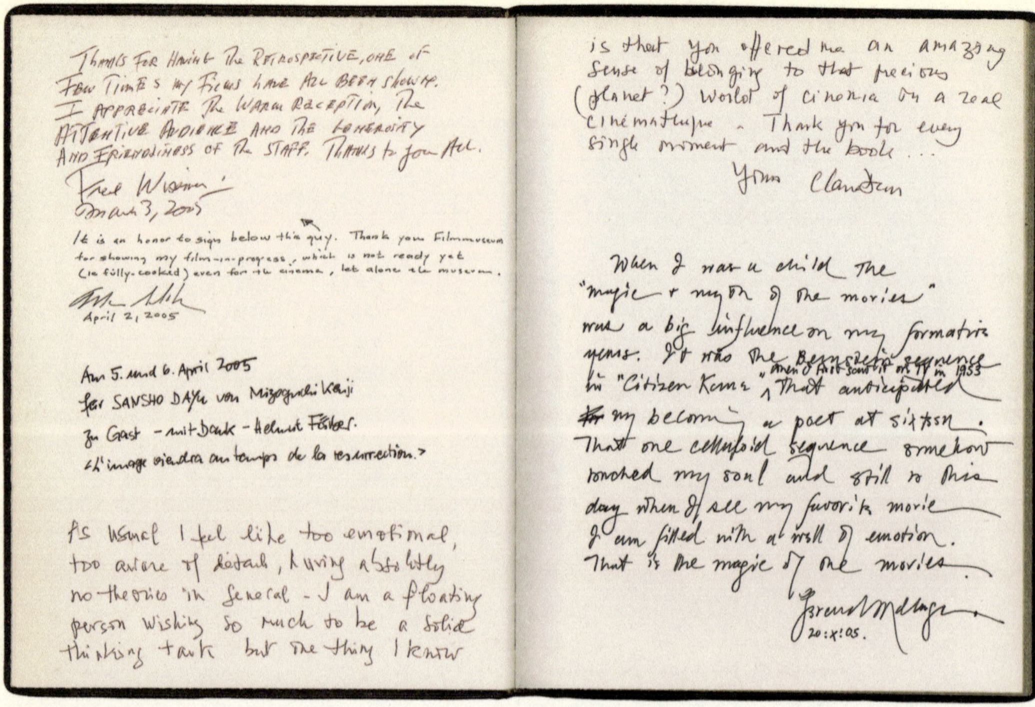

Thanks for having the retrospective, one of few times my films have all been shown. I appreciate the warm reception, the attentive audience and the generosity and friendliness of the staff. Thanks to you all.

Fred Wiseman
March 3, 2005

It is an honor to sign below this guy. Thank you Filmmuseum for showing my film-in-progress, which is not ready yet (ie fully-cooked) even for the cinema, let alone the museum.

April 2, 2005

Am 5. und 6. April 2005
für SANSHO DAYU von Mizoguchi Kenji
zu Gast – mit Dank – Helmut Färber.
«L'image viendra au temps de la résurrection.»

As usual I feel like too emotional, too aware of details, having absolutely no theories in general – I am a floating person wishing so much to be a solid thinking tank but one thing I know is that you offered me an amazing sense of belonging to that precious (planet?) world of cinema on a real cinémathèque. Thank you for every single moment and the book...

Yours Claudine

When I was a child the "magic + myth of the movies" was a big influence on my formative years. It was the Bernstein sequence in "Citizen Kane", when I first saw it on TV in 1953, that anticipated ~~for~~ my becoming a poet at sixteen. That one celluloid sequence somehow touched my soul and still to this day when I see my favorite movie I am filled with a well of emotion. That is the magic of the movies.

Gerard Malanga
20:X:05.

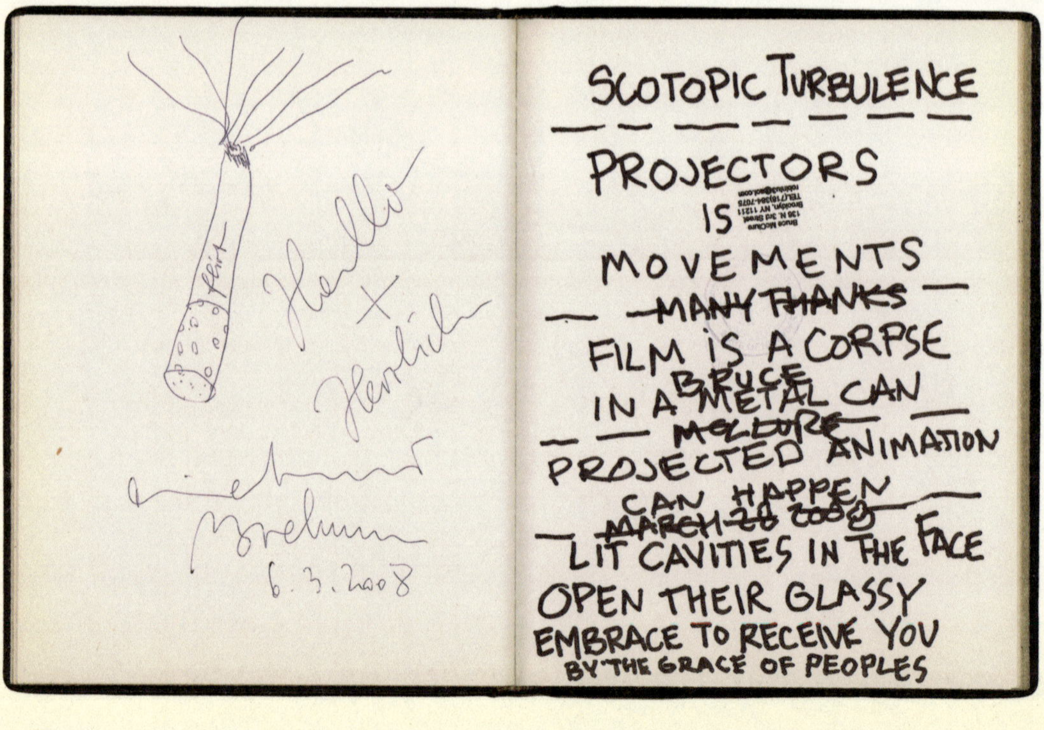

6. 3. 2008

SCOTOPIC TURBULENCE

PROJECTORS IS MOVEMENTS

~~MANY THANKS~~

FILM IS A CORPSE IN A METAL CAN

~~BRUCE MCCLURE~~

PROJECTED ANIMATION CAN HAPPEN

~~MARCH 28 2008~~

LIT CAVITIES IN THE FACE OPEN THEIR GLASSY EMBRACE TO RECEIVE YOU BY THE GRACE OF PEOPLES

(THANK YOU!)

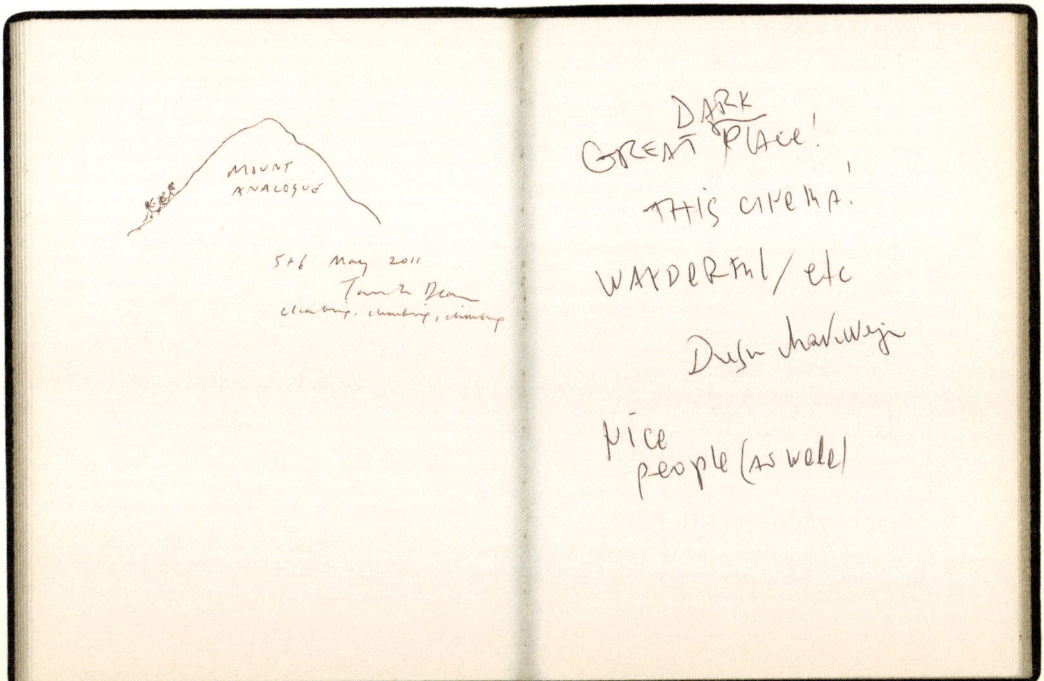
MOUNT ANALOGUE
5+6 May 2011
climbing, climbing, climbing
GREAT DARK PLACE!
THIS CINEMA!
WANDERFUL/etc
nice
people (as well)

Vanitas

Cleistocactus winteri

Man spürt seltsames Unbehagen beim Betreten der Wohnung eines Menschen, den man nicht kannte. Als Archivarin muss man diese Schwelle überschreiten, um an die Filme des Verstorbenen zu gelangen. Es gab drei Termine zur Übergabe des Nachlasses von Otto K. Schödl, einer wichtigen Persönlichkeit des »Amateur Film Club Wien«. Unter Zeitdruck, zwischen Tür und Angel, ging alles über die Bühne. Erst nahmen wir die Filme, Utensilien und kleinere technische Geräte, dann auch Bücher und Persönliches, Auszeichnungen des Amateurfilmers.

Eine freundliche Dame kümmerte sich um die organisatorischen Belange der Wohnungsräumung und ermutigte uns, Alltagsgegenstände einzupacken, so wir diese brauchen könnten. Vor der Wohnungstüre stand ein Kaktus mit einem beschriebenen Zettelchen zwischen den Armen: Bitte nehmt mich mit. Der Kaktus vegetiert nun im Archiv des Österreichischen Filmmuseums und erinnert an den Menschen Otto K. Schödl.

Alles doch nur pure Spekulation.

Ich weiß aus dem Leben des Otto K. Schödl nichts, habe seine Filme nicht gesehen. Sie sind noch immer in Säcken verstaut und werden es so lange sein, bis sich ein Mitarbeiter des Filmmuseums ihrer annimmt.

Das Thema Amateurfilm ist groß und schwierig. Was kann ich über einen Menschen erfahren, der durch die Kamera schaut? Er, der mir die anderen zeigt, bleibt unnahbar. Welche Haltung kann ich zu seinen Filmen haben?

Das Philosophieren über Betrachter und Betrachten hilft nicht weiter.

Ich kannte Herrn Otto K. Schödl nicht, er ist tot. Zu seinem Umfeld stehe ich nicht in Beziehung. Anzunehmen ist, dass er keine Abneigung gegen Kakteen hatte. I. B.

Die Sammlungen

FILMSAMMLUNG

Neben der Präsentation und Vermittlung von Werken der Filmgeschichte ist die Sammlung, Konservierung und Restaurierung filmischer Artefakte in ihrem jeweiligen Originalformat die zentrale Aufgabe des Österreichischen Filmmuseums.

Die Sammlung umfasst ca. 31.000 Filme (2013). Sie ist in vielen Bereichen beispielgebend und von internationaler Bedeutung. Die darin vertretenen Werke beschreiben die gesamte Ära der Kinematografie, von 1893 bis zur Gegenwart. Neben dem Ziel einer repräsentativen Darstellung des Mediums in seinen unterschiedlichen Spielarten folgt die Sammlung einigen spezifischen Schwerpunkten: dem Film in der Sowjetunion von 1918 bis 1945; dem New American Cinema; dem österreichischen Avantgardefilm seit 1950; dem transnationalen Filmschaffen von Emigranten und Exilanten aus Mittel- und Osteuropa; den »ephemeren« Formen des Films.

Das Filmmuseum betreut auch tausende Rollen Nitrofilm – das besonders fragile Material der Kinofilmproduktion bis etwa 1950. Die fachgemäße Restaurierung und analoge Sicherung dieser und anderer historischer Kopien bzw. Negativmaterialien bedarf nicht nur großer Sorgfalt, sie wird auch (angesichts der Verdrängung analoger Kopiertechniken in der digitalen Ära) sukzessive kostspieliger.

Seit Ende der 60er Jahre werden dem Filmmuseum auch Amateurfilme als Schenkungen übergeben. Diese Kleinformate sind in jüngerer Zeit immer stärker in den Fokus der wissenschaftlichen Aufmerksamkeit geraten; ihr Status als historische Quelle wächst – so wie jener des Mediums Film insgesamt.

FOTOSAMMLUNG

Filmfotografien bilden neben der Filmsammlung und der Bibliothek die größte Teilsammlung des Österreichischen Filmmuseums. Mit über 350.000 Motiven deckt die Fotosammlung die Geschichte des Films von den Anfängen bis in die Gegenwart ab. Die frühesten Vintage-Abzüge in der Sammlung datieren von 1910; zahlreiche Motive dokumentieren Filme, die als verloren gelten.

Wie bei der Filmsammlung liegt das Augenmerk auf der internationalen Produktion: vom frühen Kino bis zum europäischen Autorenfilm, vom Avantgarde- und Dokumentarfilm bis zur Produktion der klassischen Hollywood-Ära. Innerhalb der sogenannten Filmauswertungsfotografie sind vom klassischen Stand- oder Szenenfoto über Produktionsfotos bis hin zur Porträtfotografie alle Genres vertreten. Prunkvoll und aufwendig gestaltete Fotoalben von Produktionsfirmen sind ebenso Teil der Sammlung wie ein umfangreicher Bestand aus der Redaktion der österreichischen Zeitschrift *Mein Film*, der im Besonderen die Jahre 1924 bis 1939 abdeckt.

Die Fotosammlung fungiert häufig als Leihgeberin für filmbezogene Ausstellungen im In- und Ausland. Sie ist gegen Voranmeldung für wissenschaftliche Forschungen und private Nutzung zugänglich. In der internen Datenbank sind neben den Hauptkategorien (Filmtitel und Person) auch die Bereiche Industrie (z. B. Filmstudios, Kinos), Filmtechnik sowie die Geschichte der Institution recherchierbar.

PLAKATSAMMLUNG

Die Filmplakatsammlung des Österreichischen Filmmuseums umfasst zahlreiche geschlossene Bestände sowie eine breite Auswahl von Filmtiteln, die in Österreich ausgewertet wurden.

Rare Originalplakate aus der Frühzeit des französischen Kinos sind ebenso Teil dieser Sammlung wie sowjetische Plakatkunstwerke von Aleksandr Rodčenko oder den Gebrüdern Stenberg. Von dem renommierten österreichischen Grafiker Victor Slama wird ein großes Konvolut an lithografischen Filmplakaten der 1920er und 30er Jahre und eine Reihe von Plakatentwürfen archiviert. Weiters enthält die Sammlung zahlreiche international bekannte Originalplakate zu Werken des modernen Kinos (Bresson, Tati, Godard, Truffaut, Fassbinder u. v. a.). Auch die originäre ästhetische Tradition der Filmplakatgrafik in Polen ist durch viele Beispiele vertreten. Die preisgekrönten, von der Künstlerin Gertie Fröhlich für die Filmmuseum-Retrospektiven der Jahre 1964 bis 1984 gestalteten Plakate und Entwürfe bilden einen weiteren Kernbestand der Sammlung. Sie dokumentieren auch die Geschichte und die Programmpolitik des Hauses.

SCHRIFTGUTSAMMLUNG

Die Sammlung filmbezogener Druckwerke und Dokumente ist eine der ältesten im Filmmuseum; sie reicht bis in die Gründungszeit des Hauses zurück. In dieser Sammlung befinden sich jene Materialien, die einen Film während seiner Produktion und Rezeption begleiten: Treatments und Drehbücher, Werbematerialien und Pressehefte, Ankündigungen und Verleihkataloge, Filmkritiken und Zeitungsausschnitte, aber auch lose Blätter, die eine kurze Beschreibung oder produktionstechnische Angaben zum Film enthalten. Darunter sind auch Schriftstücke zu Filmschaffenden, Bio- und Filmografien, Interviews, Nachrufe, Korrespondenzen, Briefe, Gruß- und Ansichtskarten. Eine weitere Quelle stellen Filmfestivals, Ausstellungen und Retrospektiven sowie technische Entwicklungen im Bereich der Kino- und Filmvorführgeräte dar. Ihren Niederschlag in der Schriftgutsammlung finden sie in Form von Programmheften, Werbebroschüren oder Bedienungsanleitungen.

Diese Materialien werden zu einzelnen übereinstimmenden Film-, Personen-, Körperschafts-, Filmfestivals-, Veranstaltungs- oder Technik-Dossiers zusammengefasst und in säurefreien Papierumschlägen mit fortlaufender Signaturnummer aufbewahrt. Eine regelmäßig anwachsende Online-Datenbank zur Schriftgutsammlung gibt den Nutzer/inne/n Einblick in die Bestände.

FILM- UND KINOTECHNISCHE GERÄTE

Das Filmmuseum beherbergt eine Sammlung technischer Apparaturen, die die Prozesse der Filmaufnahme (Kameras), der Montage (Schnittgeräte und Schneidetische), der Vervielfältigung (Kopiermaschinen) und der Filmvorführung (Projektoren) in verschiedenen Epochen dokumentieren. Dabei sind sowohl der Amateurfilm als auch die maschinellen Grundlagen der industriellen Filmherstellung und -vorführung vertreten: vom Amateursystem »Pathé Baby« aus den 1920er Jahren (9,5mm-Film) über einige wertvolle Holzkameras aus der Frühzeit des Kinos bis zur historischen Lichttonkamera der Firma Listo, die z. B. bei der Tonherstellung von Peter Kubelkas Meisterwerk *Arnulf Rainer* zum Einsatz kam.

Auch die »vorfilmische« Ära ist in der Sammlung repräsentiert: vom Daumenkino über ein Chromatoskop und ein Stereoskop (um 1850) bis zur Laterna Magica in verschiedenen Ausführungen, mit zahlreichen Glasschiebe- und Holzschiebebildern, die bei Aufführungen der »magischen Laterne« verwendet wurden.

SPECIAL COLLECTIONS, NACHLÄSSE, VORLÄSSE

In den Sammlungen des Filmmuseums finden sich zahlreiche – manchmal sehr große, manchmal sehr konzentrierte – Bestände, die den Charakter einer *Special Collection* besitzen. Zu den wichtigsten zählen jene, die den Nach- oder Vorlass einer bedeutenden Persönlichkeit der Filmkultur repräsentieren. Aber auch jene Sammlungen aus privater Hand, die einen besonderen Umgang mit dem Medium Film/Kino oder einen bestimmten Typus unter den cinephilen bzw. filmindustriellen »Werkzeugen« dokumentieren, können zu einer *Special Collection* werden. Deren Palette reicht im Filmmuseum von den vier prominenten Beispielen, die weiter unten angeführt sind, über Nachlässe von Ernst Marischka oder Maria Perschy bis hin zu kleineren Konvoluten. Zu letzteren gehören etwa die Sammlungen filmbezogener Postkarten; Einladungen zu Filmpremieren; Tonwerbematerialien zum Kinostart; oder Presse-Matern, also jene Werbevorlagen, die bis Ende der 1970er Jahre wichtige Elemente der Verleiharbeit waren. Als Spezialsammlung wird auch der beträchtliche Bestand an Filmprogrammen geführt – sie reichen von der Stummfilmzeit bis in die Gegenwart.

SAMMLUNG DZIGA VERTOV

Peter Konlechner und Peter Kubelka traten schon kurz nach der Gründung des Filmmuseums in Kontakt mit Elizaveta Svilova, der Witwe und künstlerischen Mitarbeiterin von

Dziga Vertov (1896–1954), Pionier der Kinomoderne. Anfang der 70er Jahre übergab Svilova dem Filmmuseum einen großen Teilnachlass, der den Grundstock der heutigen Vertov-Sammlung bildet. Sie umfasst rund 100 Filmelemente, 170 schriftliche Originale, 200 Arbeitsfotos und Film Stills, 600 Pressedokumente aus aller Welt, zahlreiche Originalplakate und viele andere Dokumente – insgesamt ca. 2000 Objekte, die in einer *online* zugänglichen Datenbank erfasst und dargestellt sind.

SAMMLUNG MICHAEL HANEKE

Der Filmregisseur und Autor Michael Haneke übergibt seinen Vorlass zu Lebzeiten seit 2003 sukzessive an das Österreichische Filmmuseum. Jeweils nach Beendigung eines seiner Filmprojekte werden die diesbezüglichen Materialien von den Archivaren des Filmmuseums übernommen, katalogisiert und in den existierenden Bestand eingearbeitet. Darunter befinden sich sämtliche Arbeitsmaterialien zu seinen Filmen, aber auch eine ausführliche Dokumentation ihrer internationalen Rezeption.

AMOS VOGEL LIBRARY

Amos Vogel, 1921 in Wien geboren, emigrierte 1938 nach New York und wurde dort – als Gründer von *Cinema 16* und des New York Film Festival sowie als Essayist und Autor des Standardwerks *Kino wider die Tabus* – zu einer der bedeutendsten Persönlichkeiten der internationalen Filmkultur. Nach Vogels Tod im April 2012 traten seine Söhne an das Filmmuseum heran und ermöglichten den Ankauf seiner bis in die 1930er Jahre zurückreichenden Privatbibliothek, in der sich die enorme Bandbreite von Amos Vogels intellektuellen Interessen spiegelt.

SCHLEMMER-FILMKADERSAMMLUNG

Edith Schlemmer, die langjährige Archivleiterin des Hauses, hat diese Sammlung im Filmmuseum deponiert. Sie erhielt diesen kleinen Schatz in den 1960er Jahren von einem Privatsammler: 67 selbstgemachte Kuverts mit 2254 Filmkadern und -fragmenten. Die Filme, denen der ursprüngliche Sammler diese Kader entnommen hatte, stammen fast durchwegs aus den Jahren 1910 bis 1920 – viele davon gelten heute als verloren. Die Kadersammlung wurde vollständig digitalisiert, ihre Faksimiles sind *online* zugänglich.

MEDIATHEK

Die Mediathek des Österreichischen Filmmuseums ist eine Sammlung von Filmüberspielungen auf digitalen wie analogen Trägern (DVD, CDR, VCD, VHS). Sie dient zur internen Recherche und Dokumentation, ist aber auch Mitgliedern des Filmmuseums für Studienzwecke zugänglich. Die Sammlung besteht aus Abtastungen von Archivbeständen des Filmmuseums, der Dokumentation von Vorträgen und Veranstaltungen im Haus, TV-Aufzeichnungen sowie zahlreichen kommerziell herausgebrachten Videokassetten, DVDs und Blu-rays.

In den vergangenen Jahren konnten einige große Bestände hinzugewonnen werden, etwa aus dem Nachlass von Goswin Dörfler (rund 2000 Videokassetten), der VHS-Sammlung von Gottfried Schlemmer (Schenkung) sowie – dank einer Schenkung von Oscar Bronner – aus der nachgelassenen Sammlung von Gerhard Bronner. Der Ankauf von 3500 DVDs des *Alphaville Videostore* bereicherte die Sammlung in besonderer Weise: Die Wiener Spezial-Videothek stellte im Herbst 2010 ihre Tätigkeit ein und räumte dem ÖFM die Möglichkeit einer systematischen Auswahl ein, bevor sich der Gesamtbestand »in alle Winde« zerstreute.

Derzeit (Anfang 2014) sind etwa 16.500 filmische Werke aus allen Epochen in der Mediathek dokumentiert. Eine Bestandsliste ist am Benutzerterminal der Bibliothek einsehbar.

BIBLIOTHEK

Die Bibliothek des Österreichischen Filmmuseums befindet sich im 1. Stock, über dem Kinosaal, und ist jeweils Montag und Donnerstag von 12 bis 18 Uhr geöffnet. Im Laufe der vergangenen fünf Jahrzehnte sind an die 23.000 Bücher inventarisiert und katalogisiert worden; 422 Zeitschriftentitel wurden in einer separaten Datenbank erfasst. Beide Datenbanken können *online* genutzt und abgefragt werden.

Jährlich besuchen hunderte Personen die Bibliothek. Die Fragen, Themenstellungen und Recherchen sind ebenso vielfältig und unterschiedlich wie die Benutzer und Benutzerinnen selbst. Da trifft Neugier auf Routine, Euphorie auf Abgeklärtheit. Auch wenn sich nicht alle für ihre Themen begeistern können, hinterlassen Menschen doch Spuren in sichtbarer oder unsichtbarer Form. Da werden ganze Notizhefte beschrieben, es wird kopiert, in den Laptop hinein verarbeitet oder vom Lesen ins Träumen gewechselt, auf der Suche nach anderen, nahen oder fernen Gedankengebäuden. Manche haben keine Freude an den Texten, die gelesen werden müssen und erledigen ihre Arbeit in Windeseile. Andere vergessen vor lauter Begeisterung über ihren Erkenntnisgewinn, aus welchem Buch oder welcher Zeitschrift sie die Notizen und Kopien übernommen haben. Dank dieser Begegnungen mit den Menschen, die einmal oder immer wieder kommen, erfahren wir die Bibliothek – so wie den Kinoraum – als lebendigen Ort: Etwas breitet sich aus, verknüpft sich mit anderen Wissenspartikeln, zeichnet Wege in die filmkulturelle Landschaft.

Aber nicht nur die Leserinnen und Leser tragen zur Lebendigkeit dieser Bibliothek bei: Viele Menschen haben uns aus den unterschiedlichsten Gründen ihre Bücher, Zeitschriften, Filmprogrammhefte, Fotos geschenkt. Das häufigste Motiv solcher Übergaben ist der Gedanke, dass auch die Allgemeinheit am ehemals privat Erworbenen teilhaben soll. Damit unterstützen und ergänzen die Schenker/innen die Ankaufstätigkeit des Filmmuseums. Titel, die nicht vorhanden waren, kommen neu hinzu, und sehr beanspruchte oder verlustig gegangene Bücher können durch bessere bzw. neue Exemplare ersetzt werden. Verdoppelungen bringen uns auch oft in die günstige Lage, mit unseren internationalen Archivpartnern ganze Zeitschriftenjahrgänge, Einzelnummern oder rare Buchtitel zu tauschen.

So zirkulieren die Bücher in unserer Bibliothek, von der einstigen Leserin zum heutigen Leser, vom vorbestellten Stapel in die Hand, von der spontanen Gabe eines Schenkers an die Leerstelle, die ein zerfleddertes, aufgrund jahrzehntelangen Gebrauchs nicht mehr benutzbares Exemplar desselben Buchs hinterlassen hat. Die Bibliothek bleibt so in ihrem Idealzustand: unbegrenzt, unfertig, in Bewegung.

E. S.

Autoren und Autorinnen

GABI ADÉBISI-SCHUSTER, geb. 1964 in Bruck an der Mur, Grafikerin. Gestalterin der Publikationen des Österreichischen Filmmuseums.

ALEJANDRO BACHMANN, geb. 1980 in Córdoba (Argentinien), Filmwissenschaftler. Leiter der Filmvermittlung und wissenschaftlicher Mitarbeiter im Österreichischen Filmmuseum.

CHRISTINE BRUCK, geb. 1965 in Wien, Kulturmanagerin und Fotografin. Mitarbeiterin der Foto- und Schriftgutsammlungen im Österreichischen Filmmuseum.

ILDIKO BRUNNER, geb. 1970 in Wien, Studium der Germanistik. Katalogisierung der Sammlungen im Österreichischen Filmmuseum.

PAOLO CANEPPELE, geb. 1961 in Bressanone (Italien), Historiker. Leiter der Sammlungen des Österreichischen Filmmuseums.

ROLAND FISCHER-BRIAND, geb. 1975 in Niederösterreich, Studium der Kunstgeschichte und Bildwissenschaft. Kustos der Fotosammlung im Österreichischen Filmmuseum.

OLIVER HANLEY, geb. 1984 in Belfast (Nordirland), Filmwissenschaftler. Wissenschaftlicher Mitarbeiter des Österreichischen Filmmuseums (Archiv- und Publikationsprojekte).

ADELHEID HEFTBERGER, geb. 1974 in Grieskirchen/OÖ, Slawistin und Komparatistin. Wissenschaftliche Mitarbeiterin des Österreichischen Filmmuseums (Information und Dokumentation).

ALEXANDER HORWATH, geb. 1964 in Wien, Autor und Kurator. Direktor des Österreichischen Filmmuseums.

MATTEO LEPORE, geb. 1978 in Pescara (Italien), Filmwissenschaftler. Leiter der Digitalen Filmrestaurierung im Österreichischen Filmmuseum.

MICHAEL OMASTA, geb. 1964 in Wien, Filmhistoriker und Journalist. Mitherausgeber der FilmmuseumSynema-Publikationen.

MARTIN REINHART, geb. 1967 in Wien, Filmtechniker.

HANNA SCHIMEK, geb. 1948 in Wien, Künstlerin.

REGINA SCHLAGNITWEIT, geb. 1964 in Linz, Musikwissenschaftlerin. Leiterin der Programmabteilung des Österreichischen Filmmuseums.

RAOUL SCHMIDT, geb. 1973 in Treysa (Deutschland), Künstler und Archivar. Mitarbeiter der Filmsammlung im Österreichischen Filmmuseum.

ELISABETH STREIT, geb. 1967 in Schwaz/Tirol, Studium der Theater-, Film- und Medienwissenschaft. Bibliothekarin des Österreichischen Filmmuseums.

GEORG WASNER, geb. 1973 in Wien, Filmmacher und Autor. Mitarbeiter der Filmsammlung im Österreichischen Filmmuseum.

FLORIAN WROBEL, geb. 1981 in Schweinfurt (Deutschland), Diplomingenieur der Medientechnik (FH). Leiter der Filmsammlung des Österreichischen Filmmuseums.

Abbildungsnachweis

Österreichisches Filmmuseum (S. 15 © Bruno Klomfar / S. 43–47 / S. 49 / S. 55 / S. 57–63 © Horst von Harbou / Deutsche Kinemathek / S. 65–67 / S. 69–71 / S. 73 / S. 74 oben / S. 75–79 / S. 83 unten / S. 85–87 / S. 95 oben / S. 96–97 / S. 99 / S. 103 / S. 105 unten © Johann Klinger / S. 111 unten / S. 116 / S. 117 © Roger Reed / S. 119 / S. 121–123 / S. 125–127 © Robert Beavers / S. 129 / S. 131–133 / S. 135–141 © Jean-Luc Godard / S. 143–147 / S. 149 links © Regina Schlagnitweit / S. 158–159 © Nachlass Gerhard Friedl / S. 165 / S. 169–171 © Hanna Schimek / S. 177 © Michael Haneke / S. 181–183)

Robert Newald für Österreichisches Filmmuseum (S. 17–21, 23–29, 35, 37, 39, 41, 51, 74 unten, 83 oben, 91–93, 95 unten, 101, 105 oben, 107–109, 111 oben, 113, 115, 149 rechts, 151, 153, 155, 157, 161 unten, 173–176 © Michael Haneke, 179 oben, 185)

Edizioni Volumina, Turin (S. 161 oben, 162–163)
Bernhard Hochenauer (S. 179 unten)
MuMOK (S. 31–33)
Norbert Pfaffenbichler (S. 166–167)
Technisches Museum Wien (S. 53, S. 81)
Wienbibliothek im Rathaus (S. 89)

Dank

Wir möchten den vielen ehemaligen und gegenwärtigen Mitarbeiter/inne/n des Österreichischen Filmmuseums sowie dessen Gründern und langjährigen Leitern danken, die sämtliche in diesem Buch dargestellten Objekte gefunden, übernommen oder für das Haus erworben und seither betreut haben. Unser herzlicher Dank gilt auch den Autorinnen und Autoren der Texte, die sich auf den vorangegangenen Seiten mit den 50 Objekten befasst haben – und Robert Newald, der eine erkleckliche Anzahl dieser Objekte für das Buch erstmals fotografiert hat. Wir danken Gabi Adébisi-Schuster für ihre gestalterische Arbeit sowie Ildiko Brunner, Roland Fischer-Briand, Eszter Kondor, Regina Schlagnitweit und Elisabeth Streit für ihre vielfältigen Beiträge zum Gelingen dieses Projekts.

Viele dieser Gegenstände sind gekauft worden, viele andere wurden der Sammlung des Filmmuseums ohne monetäre Gegenleistung, als Schenkungen oder Deposits anvertraut – entweder durch die Autor/inn/en bzw. Gestalter/innen der Objekte selbst oder durch private Sammler/innen, die beschlossen haben, ihre »Schutzbefohlenen« der Obhut des Museums zu übergeben. Von ersteren danken wir ausdrücklich Michael Haneke, Chuck Jones (†) und Ernst Marischka (†), von letzteren: Martina Egger-Schödl, Simon Field, Antonia Lant, Mischief Films, Albin Oswalder-Wandegg (†), Beverly Piersol, Edith Schlemmer, Elizaveta Svilova (†), SYNEMA – Gesellschaft für Film und Medien (Depot Kurt Kren) und Dorit Wagner sowie allen anonymen Donatoren und jenen aus der Vergangenheit, die sich nicht mehr eruieren lassen.

Für ihre freundliche und praktische Unterstützung bei der Erstellung von Texten und Abbildungen sowie für Abdruckgenehmigungen danken wir weiters Mauro Bertuol (für die botanische Beratung), Domenico De Gaetano (Kulturverein und Verlag Volumina, Turin), Jiří Horníček vom Národní filmový archiv, Prag (für die Datierung eines Objekts), Julia König (Plakatsammlung der Wienbibliothek im Rathaus), Susanne Neuburger und Dagmar Steyrer (MuMOK) sowie Martin Reinhart und dem Team des Technischen Museums Wien. *Die Herausgeber*